アップデート中国法務

章 啓龍　安田健一 ［編著］
ZHANG QILONG　YASUDA KENICHI

王 宣麟　　郭 望　　松本秀敏
OH SENRIN　　GUO WANG　MATSUMOTO HIDETOSHI

一般社団法人 **金融財政事情研究会**

はじめに

　日中国交正常化から50余年。

　かつて中国の法律は未整備な部分も多く、ビジネスの紛争解決や、行政との折衝には「カネとコネ」が必要といわれてきました。しかし、不正防止と腐敗根絶が進んだ結果、「カネとコネ」さえあれば、どんな問題も回避・解決できる時代は終わりを迎えつつあります。むしろ、カネを渡した結果、弱みを握られつけこまれる。コネに頼りすぎた結果、高額な口止め料を要求される。こうしたしっぺ返しを食らうケースも増えています。ところが、中国現地では「日本本社から昔ながらの「カネとコネ」による解決を指示され、苦慮している」という声も聞かれます。

　中国ビジネスを取り巻く法環境は常に変化しており、現在は法律と実務をしっかり把握し、まず理屈で相手を説得できるよう武装することが、極めて重要となっています。そのうえで「カネとコネ」については、違法と評価されない範囲で、最後の一押しに使えればラッキー程度に捉えていただくべきでしょう。

　法令や実務運用も目まぐるしく変化しています。直近でも外商投資法、民法典、個人情報保護法などビジネスに大きな影響のある改正が行われました。また、昔ながらの「労働者」保護に加えて、最近では消費者保護や、中国が権利を持つ知的財産の保護にも目を配らなければなりません。

　このような問題意識から本書は執筆されました。その目的は、中国ビジネスに関心のあるすべての人に、現在の中国法務を正しく捉え直していただくことであります。本書が、皆様の中国ビジネスの更なる発展の一助となればと願う次第です。

2024年 3月　　　　　　　　　　　　　　　　　　**筆者一同**

● 目　次

第 4 章　労務関連

第 5 章　不正問題

第 6 章　知的財産

第 7 章　紛争解決

第 8 章　事業再編

第 1 章

中国法務の動向

1 時代の変化

　以前の中国では、「法律を知らない」「知っていても、法律が文言どおりに機能しない」といったトラブルが多かったように思います。現在でもその傾向が全くなくなったとはいえませんが、時代は既に「法律は、知っている者の味方」に変化しています。インターネットの普及等により、一般の従業員でさえ、自身を守るため、または会社に自らの要求をのませるために法律の活用手段を熟知している時代になっています。

　このため日系企業現地法人の管理者、対中ビジネスに携わる方々は、従業員たちに出し抜かれないためにも、「法律を熟知する」ことはもちろん、過去・他社のトラブル事例を把握し、「他山の石」とする心構えが必要になってきます。

2 最近の主な改正

　ここ5年で新たに制定・改正された主な法令を見ていきます。2018年以降、日系企業やその中国現地法人に影響があると思われる法令として、以下が挙げられます。

・中華人民共和国反スパイ法（2023年改正）

　⇒本章で解説します

・中華人民共和国対外貿易法（2022年改正）

　⇒対外貿易経営者について、届出登記書類の提出が不要

とされました

・中華人民共和国独占禁止法（2022年改正）

⇒第 2 章を参照してください

・中華人民共和国個人情報保護法（2021年制定）

⇒第 3 章を参照してください。

・中華人民共和国データセキュリティ法（2021年制定）

⇒第 3 章を参照してください

・中華人民共和国反外国制裁法（2021年制定）

⇒人権問題に起因する、欧米各国からの中国に対する制

裁への対抗措置を制定

・中華人民共和国広告法（2021年改正）

⇒第 2 章を参照してください

・中華人民共和国著作権法（2020年改正）

⇒著作物の類型・定義、共同創作著作物、法定許諾、懲

罰的損害賠償などを改正

・中華人民共和国輸出規制法（2020年制定）

⇒輸出規制ポリシー、規制リスト、規制措置について規

定

・中華人民共和国特許法（2020年改正）

⇒部分意匠制度の導入、特許権の濫用を明文化など

・中華人民共和国民法典（2020年制定）

⇒本章で解説します。

・中華人民共和国反不正当競争法（2019年改正）

⇒営業秘密侵害行為の範囲を拡張

懲罰的損害賠償制度の導入

行政罰対象者の拡大、厳罰化など

・中華人民共和国商標法（2019年改正）

⇒悪意ある出願行為に対する規制を追加

侵害行為者への責任の厳格化

・中華人民共和国外商投資法（2019年制定）

⇒本章で解説いたします

・中華人民共和国会社法[1]（2018年改正）

⇒ストックオプション、転換社債について、自己株式購入の法定事由として明記

自己株式を取得した場合の保有期間を、1年から3年に緩和

・中華人民共和国電子商取引法（2018年制定）

⇒電子商取引の各主体の合法的権益を保障し、電子商取引行為の規範化

　以上のように、民法典、会社法はもちろん、取引競争法（いわゆる独禁法）、データセキュリティ法、個人情報保護法が制定されるなど、日本の主要法令に類似する法令が制定されてきました。ただ、中国語自体、1つの単語に複数の意味を持たせるなど、曖昧さを認める言語であり、条文1つをとっても、幾通りもの解釈ができてしまうことがあります。そうしたことから、その解釈のためのガイドラインが裁判所、政府機関から出されていますが、その数が多く、かえって混乱を招いてしまう結果になることもあります。

　加えて、中国法務の難しい点は、「法令と実務の乖離」と

「地域差」です。これは、中国においては、法令の条文を読む
だけでは足りず、実際の運用まで把握する必要があるというこ
とです。運用については直轄市・省ごとでの違いも見られま
す。例えば、外国人に対して、多数の市や省で社会保険の加入
が義務付けられていますが、上海市ではなお任意とされていま
す。こうした地域差があることから、現地でのビジネスを展開
するに当たっては、法令の文言を理解することに加え、当地に
おける実際の運用についても必ず確認しておく必要がありま
す。このように、「実務運用」「地域差」を押さえておくことは
必須であるといえます。

3　重要法令の制定・改正

　特に日系企業及び日系現地法人の対中ビジネスに影響の大き
い直近の法令の制定・改正について、いくつか解説していきま
す。

⑴　民　法　典

　新たに制定された民法典は、これまで個別法に分かれていた
民法関連法令を、統一的な1個の法令として編纂したもので
す。編纂にあわせ、個別法から変更、新たな制度の追加がなさ
れています。中国ビジネスを行ううえで重要なものとして、以
下が挙げられます。

・詐害行為取消権の拡大

　第三者の債務のために、自らの財産を無償または著しい廉価

で担保に供する行為についても、取消権行使の対象に加えるとともに、これまでは取引の相手方について悪意を要件としていましたが、「知りまたは知ることができた」（民法典第539条）と緩和しています。

・債権譲渡制度の拡大

　従来、債権譲渡の対象は契約によって生じた債権に限定されていましたが、発生原因を問わないとして、その対象が拡大されました（民法典第545条第1項）。

・事情変更による契約の変更、解除

　従来、契約の変更まで求めることはできないとされていましたが、①契約締結時に予見できなかった事情が生じ、②この事情がビジネスリスクではなく、③契約条件を維持することが著しく不公平である場合には、契約内容の変更まで求めることができるとされました（民法典第533条）。

・保証人保護の強化

　保証契約において、連帯保証について明文がない場合、従来は連帯保証とみなされていたものを、連帯保証ではなく通常の保証契約とみなすと変更されました（民法典第686条）。

・不法行為における懲罰的損害賠償請求の創設

　懲罰的損害賠償について、総則に当たるルールを規定しました（民法典第1185条）。

・担保物権関連の改正

　附従性が厳格化されるなど、一部改正がされましたが、専門的な内容となりますので、ここでは割愛したいと思います。

・人格権

　人格権は、民法典の制定にあわせて新たに法制化されました。その定義は、「民事主体が享有する生命権、身体権、健康権、姓名権、名称権、肖像権、名誉権、栄誉権、プライバシー権等の権利をいう」（民法典第990条）とされています。ここで注目していただきたいのは、人格権を通じ、中国でもセクシャル・ハラスメント（セクハラ）が定義されるようになった点です。

　　a　セクハラ

民法典

第1010条（性的嫌がらせ）

第 1 項　他人の意思に反して、言語、文字、図画、肢体行為等の方式により他人に性的嫌がらせを行った場合、被害者は法に基づき行為者に対して民事責任の負担を請求する権利を有する。

第 2 項　機関、企業、学校等の単位は、合理的な予防、苦情受理、調査処置等の措置を講じて、職権・従属関係を利用する等の性的嫌がらせ行為を防止、制止しなければならない。

　具体的に、セクハラとは業務場所における、以下の行為を指すとされています（「職場におけるセクハラ防止制度（参考テキスト）」第 7 条）。

・不適切な言語で嫌がらせをし、卑猥なジョークを言う、他人に個人の性履歴を述べ、他人に対して不適切な呼称を使用す

る行為など

・他人の敏感部分を故意に接触、ぶつかり、キスし、身体のプライベートな部位を不適切に露出し、または自己に対して性的な接触をさせる行為

・色気、嫌がらせの文字、写真、音声、動画などをWeChat、SMS、E-mailなどの方式で相手に送信または直接見せる行為[2]

・業務場所でわいせつな画像、広告などを配置し、相手を困惑させる行為

・尾行、ハラスメント情報の送信、物品の郵送などの方式で他人に性的暗示を伝える行為

・その他のセクハラ

　さて、セクハラ行為にどのようなサンクション（制裁）を受けるのでしょうか。ここにはセクハラ行為を行った行為者自身の個人責任と、セクハラ行為に対して会社が行うべき義務への違反という、２つの側面があります。まずは、行使者自身の行為責任ついて、整理します。

・公安機関による批判教育または警告書の発行

・５日以内の行政拘留または500元以下の罰金。情状が重い場合、５日以上で10日以下の行政拘留を処し、かつ500元以下の罰金処分を加える（治安管理処罰法第42条）

・民事責任の追及（謝罪、損害賠償）（民法典第1010条）

・会社による処罰

・就業許可の申請または更新にまで影響が及ぶ可能性がある

　次に、使用者である企業側の責任を見ていきましょう。婦人

権益保障法第25条は、使用者（企業側）がセクハラに関して実施すべき義務を、以下のように定めています。

・セクハラ行為を禁止・防止する社内の規則制度を制定する
・セクハラ行為の予防と防止に責任を持つ社内の部門と人員を明確にする
・セクハラ行為を予防・防止する教育活動を実施する
・必要となる安全保障措置を講じる
・ホットライン、E-mail受付窓口など、告発のためのルートを設置・運営する
・調査と処理するプロセスを確立と整備し、紛糾を直ちに処理すると同時に当事者のプライバシーと個人情報を保護する
・被害女性従業員による法に基づく権利主張を支援し、必要に応じて心理面でのケアを実施する

　また、法令に基づく直接的な制裁ではありませんが、現実には企業として、本人や本人の家族からの抗議、社内労働管理上の混乱、風評被害（企業イメージの低下）といった事実上の不利益も負うことになるでしょう。

　b　パワハラ

　セクハラについて解説しましたので、併せてパワハラについても触れます。中国では、いまだパワハラについて、法律上の明確な定義は設けられていません。情状に応じて、労働法や民法典における人格権侵害と捉えることで、認定と審理が行われています。

⑵　外商投資法

2020年 1 月より施行された外商投資法では、日系企業の対中ビジネスにいくつか影響が生じています。そもそも外商投資法では、ネガティブリストにより外資について規制対象とされる業界、分野以外は、内資・外資を平等に扱うと規定されています。

しかし、現実には、国際情勢の変化（特に米中対立）により、実務上、内資優先の動きが出ているのは、報道されているとおりです。

また、外商投資法の施行に伴い、旧来の「外資独資企業法」「中外合弁企業法」「中外合作経営企業法」のいわゆる外資三法は廃止され、これら企業に対しても会社法が準用されることとなりました。施行に当たり、 5 年間（2024年12月31日まで）の猶予期間が設けられ、執筆時点（2023年 7 月）では中外合弁企業を中心に、社内の機関設計の変更などの対応が進められているところです。

⑶　改正反スパイ法

改正反スパイ法について、日本の皆様からすれば、どうしても不明確な部分があり、いろいろと憶測が飛び交うところかと思います。条文の構造を読み解くと、概ね以下のとおり整理ができます。

・個人が国家安全と利益に関係すると思われる文書、データ、資料、物品（国家機密に該当するかどうかを問わない）を、窃

　取し、偵察した場合

・不当な目的若しくは意図を有するか否かを問わず

・スパイ行為として認定される可能性がある

　ここでの「スパイ行為」とは、いったい何を指すのでしょうか。この点、実務上では、以下の行為を行った場合、国家安全を害する「スパイ行為」として、調査を受けたという事例が多くあります。

・国家秘密・情報に属する文書等、特に（手書きのものを含む）地図を所持する場合

・「軍事禁区」や「軍事管理区」に許可なく立ち入り、かかるエリアやエリア内の施設などを撮影したりする場合

・無許可のまま国土調査等を行う場合。例えば、GPSを用いた測量、温泉掘削などの地質調査、生態調査、考古学調査等に従事して地理情報を窃取する場合

・「統計法」に違反し、無許可のまま、学術的なサンプル調査、社会の世論調査（アンケート用紙配布等）を実施する場合

・国家安全に関する情報を多数取得・保有する場合

　基本的に、一般私人が、通常のビジネス活動を行う限りにおいては、スパイ行為を疑われるような事態に巻き込まれる可能性は小さいと考えられます。とはいえ、以下のような行動に関わることがないよう、ご注意いただきたいと思います。

- 敏感な情報（特殊産業の非公開情報）を、非公式なルートで取得しない
- 政府関係者（日中とも）との付き合いには、一線を置く。接触時に敏感な情報などを聞き出そうとしない
- 個人の政治観を反映する発言を控える
- 日中両国にとってセンシティブな時期に、不適切な行動を起こさない
- 日中両国で対立があるエリアに立ち寄らない
- 政治面で過激的な発言を好む人や、当該人たちの集会には接近しない
- 宗教活動に参加しない
- 一般市民や少数民族等による街頭デモなどの政治活動には近づかない。これらに関連する情報を拡散しない

4　地図、表記に関わる問題

　近年、トラブルになる事例として多いのが台湾、香港の表記に関わる問題です。日本本社のホームページ上の表記などで問題となることが多くなっています。具体的には、以下のような表記については、「地図管理条例」に違反するものとして、処罰の対象となります。

NG例：[拠点一覧] 日本、中国、台湾

→日本、中国という国家と同じ扱いで、台湾が記載されて
おり、あたかも台湾が独立の国家であるような表記と
なっている。

○K例：［拠点一覧］東京、上海、台湾

→東京、上海と、あくまで都市の名称として記載されてお
り、台湾も中華人民共和国の一部という中国の主張に適
うものとなっている。

　地図の表記については、報道されていないものも含め、日系
企業も処罰を受けた事例が少なくありません。実際に、某日系
企業もカタログの廃棄と再発防止を命じられたことがありま
す。別の事例では、広告作成を請け負った外部業者が、広告作
成にかかる報酬8万8,000元の没収と、罰金100万元を科せられ
た事例も発生しています。

　台湾問題は、日本の皆様が想像される以上に、センシティブ
な問題です。ましてや、日中、米中の対立構造から、一度火が
つくと大きな問題に発展し、企業のブランドイメージを大きく
損ないかねません。今一度、日本語のホームページを含め、表
記をご確認いただければと思います。

5　日系企業が対中ビジネスで犯しがちなミス

　日系企業が、対中ビジネスで犯しがちな法律面でのミスとい
うのがあります。ここ20〜30年変わらず犯しがちなミスもあれ
ば、ここ数年で見られる新たな傾向もあります。

⑴ 変わらない傾向

・契約書の軽視

　日系企業の現地法人において、正式な契約書を締結せず、発注書ベースで済ませているケースが見られます。また、書面により契約を締結したのにもかかわらず、有効期間、更新の時期やその条件を把握しておらず、既に契約書そのものが無効になっているケースもあります。

　契約書の内容にも、「性善説」に基づく、日系企業らしい傾向が見られます。例えば、趣旨、背景、目的など、法的にいえばほとんど意味のない部分に必要以上の熱を注ぎ、肝心の紛争解決条項については、「別途協議する」「協議により解決する」で済ませているのは、専門家である筆者からすれば、不思議でなりません。

　イメージしていただければ分かるかと思いますが、契約書の内容を確認するのは、まさにトラブルが発生したときです。こうしたことからも紛争解決や契約に反した場合の損害賠償条項などが大事だということが理解いただけるのではないでしょうか。

　ぜひ、性悪説の観点から、契約書を作成、締結していただくことを習慣付けていただきたいと思います。

・印　　鑑

　契約書に用いる印鑑についても、少し説明したいと思います。中国の有限公司（日本でいう株式会社）では一般的に「公印（公章）」「契約専用印」「財務印」の3つの印鑑が作成され

ます。このうち、公の効力が認められるのが「公印」であり、通常は契約書にも、契約専門印ではなく、公印が用いられます。

　日系企業では、この公印の管理がどういうわけか甘いように見受けられます。例えば、会社の特定の場所に置いてあり、誰でも使用できるといった状態の現地法人も少なくありません。

　しかし、公印があるということは、法人たる有限公司が、同意したことを表示するものであり、大変強力な効果を持ちます。例えば、従業員との労働契約を勝手に書き換えることも、従業員の借金を会社が肩代わりすることも、公印さえあれば可能であり、実際にそういったケースも発生しています。

　公印については、日本人管理者なども日本本社からのコントロールが及ぶ者に管理させ、使用が必要な場合は、使用理由、申請者を明らかにした「申請書面」を提出させ、承認したうえで初めて使用できるようにするべきです。

⑵　日本本社との新たなズレ

　中国ビジネスへの知識・経験があるからこそ、犯しがちなミスもあります。昨今感じるのは、「コネ」に対する感覚のズレです。中国社会は「カネとコネ」といわれてきましたが、コネで全てが解決できる時代は過ぎたと筆者は感じています。その理由は、第 2 章で事例を含め紹介していますので、詳細は割愛しますが、このコネに対する評価について、世代間格差が生じているように思います。

　例えば、現地法人において地元環境局より排出する水質につ

いて改善命令を受けたシーンを想定してみましょう。このとき現地の総経理（日本でいう支店長・拠点長）は、命令に従い、ろ過のための機器の導入を本社に諮りました。日本本社の取締役会には、かつてその現地法人で総経理を経験された方が名を連ねていました。この取締役（元総経理）から「政府関係者にカネでも握らせば、問題ない」「そんなコネも作れず、お前は現地で何をしていたのか」と指示・叱責をされたといったことが起きているようです。

　近年の中国、特に都市部においては、権力のある人間ほど、賄賂などは受け取りません。政府内部でも腐敗に対して大変厳しい態度がとられていますし、不正行為に対する通報が、政治闘争（競争相手の追い落とし）手段に用いられているという側面もあります。こうしたことから、賄賂を受け取る側の公職者にとっては、不正が明るみになり、政治生命を断たれるリスクを犯してまで、「小銭」を受け取る理由はないのです。

　ところが、現地のこうした変化は、簡単には日本には伝わりません。まして、中国での成功体験がある方こそ、かつてのやり方に固執する傾向が見られます。こうして、日本本社は現地の声を過小評価し、現地では日本本社の役員に対し「OKY（お前、こっち来て、やってみろ）」という感情も持つことになるわけです。

　日本を例にとっても、昭和、平成、令和と時代は変わり、会社の社会における役割、会社として守るべきルール（法令遵守、コンプライアンス）も変化しています。まして、この30年での変化が日本よりも大きい中国です。日本本社の皆様におかれて

は、ぜひ、現地からの声に耳を傾けていただき、今の中国の理解に努めていただければと思います。

6 法務に加えて

法務を含む対中ビジネス全般にいえることですが、日本の皆様は、まだまだ日本の感覚を「そのまま」中国に持ち込まれる場面が少なくありません。もちろん、日本的な感覚・進め方が、「日系らしさ」に繋がっていることも事実です。日本的なきめ細かな配慮やホスピタリティが世界の中で高評価を受けていますが、それを追求するあまり中国で求められるスピード感についていけていない場面も、しばしば発生しているようです。

日本的な感覚は、対顧客とのサービスなど評価されるべきところで発揮していただくべきであり、何もかも日本的では、競争が激しい中国では勝ち抜けません。中国の法律、商習慣、文化をご理解のうえ、日々のビジネス活動に臨んでいただきたいと思います。

《注》
1　2023年12月29日、全国人民代表大会は中華人民共和国会社法の改正を発表しました。同改正法は2024年 7 月 1 日より施行される予定となっています。
2　当該行為は「治安管理処罰法」による処罰対象にも該当します。

第 **2** 章

消費者保護

「世界の工場」と呼ばれ、一大生産拠点であった中国ですが、2010年以降、単純な生産拠点としての役割から脱却し、むしろ市場としての価値に注目が集まっているといえます。もちろん現在でも多くの日系企業が中国国内に生産拠点を設けていますが、それは「中国国内での販売」が前提になっているケースが増えているようです。

　このような状況の中、中国における消費者保護関連規定への注目度も増しています。これは消費者保護が厚くなった反面、企業としての責任が増したと捉えることもできます。消費者保護に関する法律は、日本を含む先進国の法制を参考に作成しただけあり、概ね世界基準に即した内容となっています。ただし、広告法などは日本と中国で大きく異なる部分もありますので、注意が必要です。

　今後も「市場としての中国」に魅力を感じ、中国でのビジネス展開を検討する日系企業が続くと思われます。そういった方々（企業経営者）にこそ、本章で紹介する「消費者保護」「広告法」を理解していただきたいと思います。

1　中国の現状──315晩会に見られる、「企業叩き」から「経済重視」の傾向

　中国では３月15日の世界消費者権利デーにあわせて、中国国営テレビCCTVにより「315晩会」という番組が放送されています。消費者に重大な損害を及ぼしている企業をあぶり出し、その実態を大々的に放送する番組です。過去には日系企業の現

地法人もいくつか槍玉にあげられたこともあり、特に小売業を展開される方々は、戦々恐々として番組を見守ることが多くなっています。

そんな「315晩会」ですが、2022年、2023年の放送内容は、これまでと比べてトーンダウンしたといえます。新型コロナウイルスで疲弊した経済の回復を優先したい中国政府の思惑があるともいわれていますが、実際のところは明らかにされていません。

とはいえ、少なくとも中国企業も消費者保護を重要視し、また消費者も中国製品・輸入製品の区別なく、品質を求める時代になったといえ、消費者の意識も高くなっています。

2　消費者保護法

中国における消費者保護法関連法令を確認していきます。まずは、消費者権益保護法（2013年10月25日改正、2014年 3 月15日施行）です。

消費者権益保護法

第 4 条

　事業者は、消費者と取引をするにあたり、自由意思、平等、公正、信義誠実の原則を尊重しなければならない。

第10条

　消費者は、公正な取引の権利を有する。

第11条

> 消費者は、商品を購入し、使用し、又はサービスを受けたことにより、人身、財産に損害を被った場合は、法により賠償を得る権利を有する。

　中国消費者保護法では、虚偽の表示や不公平な契約が禁止されています。このほか、消費者の人身、財産に損害を与えた場合には、消費者に対し、その損失を賠償すべきこととなります。判例には、消費者が店舗内で足を滑らせて怪我をした事例について、店舗側が消費者保護のための措置を怠ったとして、消費者保護法（条文第49条：事業者が商品又はサービスを提供し、消費者又はその他の被害者の人身に傷害をもたらした場合は、医療費、看護費、交通費等の治療及びリハビリテーションのために支出した合理的な費用、並びに欠勤による収入減少分を賠償しなければならない。後遺障害をもたらしたときは、さらに後遺障害生活補助具費用及び後遺障害賠償金を賠償しなければならない。死亡をもたらした場合は、葬祭費用及び死亡賠償金を賠償しなければならない)に基づき責任追及されたものもあります。

3　PL法

　安全性の欠如した製品から生じた損賠について、誰が責任を負うか。この点について、日本の「製造物責任法」と中国製品品質法には、いくつか違いが見られます。

【日　本】

　日本の製造物責任法は、「製造物を業として製造、加工又は

輸入した者」を「製造業者」として定義付けたうえで、製造業者、製造物に製造業者としての氏名等の表示や製造業者と誤認させるような表示をした者、その他実質的に製造業者と認められるような表示をした者が製造物責任を負うと定めています。他方、製造物を単に販売しただけの者は、製造物責任法上の責任は負いません。

【中　国】

　製造者のみならず、販売者も責任主体に含まれることに注意が必要です。

民法典

第1203条

　製品に欠陥があったことにより他人に損害を生じさせた場合には、被権利侵害者は、製品の生産者に賠償を請求することができ、製品の販売者に賠償を請求することもできる。製品の欠陥が生産者によって生じた場合には、販売者は賠償した後で生産者に対して求償する権利を有する。販売者の故意・過失によって製品に欠陥が生じた場合には、生産者は賠償した後で販売者に対して求償する権利を有する。

　また、中国の製品品質法は、製品の欠陥により生じた損害の賠償について、無過失責任となっています。このため、故意・過失によるものでなかったとしても、責任を負うことになることにも注意が必要です。

販売者が負った責任が製造者に属するものである場合、販売者としては、製造者に求償する権利があることになります。日本でも、製造物責任法に基づく損害の賠償、または製造者と販売者との間の売買契約に基づく損害賠償請求として、販売者が製造者に対して同様の請求が可能です。

　なお、製造物責任における損害賠償については、民法典（2021年施行）により、その適用範囲が拡大されています。従来、製品に欠陥が存在することを明らかに知っていた場合にも、製造・販売した場合にしか懲罰的損害賠償は適用されていませんでしたが、民法典においては、製造者・販売に欠陥発見時の対応義務（販売停止、注意喚起、リコールなど）を定めると同時に、これを怠った場合、懲罰的損害賠償を適用するとされています（民法典第1206条、第1207条）。

4　独占禁止法

　消費者保護の観点から、独占禁止法についても、触れておきたいと思います。中国の独占禁止法では、以下のような事項が定められております。

①　独占的地位の濫用の禁止

②　企業結合

③　不当な取引制限（談合、カルテル）

④　政府行為による独占の禁止

　①から③までについては、日本を含む他の先進国と比べても、一般的な内容といえるでしょう。④についてですが中国特

有の規定であり、中国の政府機関がその行政権力を濫用して、人為的に、ある経営者に独占的な地位を与え、または行政区域外からの競争を排除、制限することがないようにすることがその趣旨です。

　消費者保護及び独占禁止法において、日系企業の現地法人が陥りやすい問題として、カルテルが挙げられます。具体的には、営業担当者レベルで話し合い、価格のつり上げや受注調整を行うといった事例が少なからず見られます。これには、中国における独占禁止法の認知が低いことも原因ですが、競合他社であって情報交換を厭わない中国の文化も問題の背景にあると思われます。

　以下のようにカルテルについて罰則も規定されていますが、積極的な取り締まりなどは、執筆時点では実施されていないといってもよいでしょう。

独占禁止法

第56条

　事業者が本法の規定に違反し、独占協定を取り決め且つ実施した場合、独占禁止法執行機関は違法行為を停止するよう命じ、違法所得を没収し、且つ前年度の売上高の100分の1以上100分の10以下の罰金に処する。前年度の売上高がない場合、500万元以下の罰金に処する。取り決めた独占協定を未だ実施していない場合、300万元以下の罰金に処することができる。事業者の法定代表者、主な責任者及び直接責任者が独占協定の取り決めに対し個人的責任を

負う場合、100万元以下の罰金に処することができる。

　事業者がその他事業者を組織して独占協定を取り決める、またはその他事業者の独占協定の取り決めのために実質的な幇助を行った場合、前項の規定を適用する。

　事業者が自発的に独占禁止法執行機関へ独占協定に係る状況を報告し且つ重要な証拠を提供した場合、独占禁止法執行機関は当該事業者の処罰を酌量し軽減する、若しくは免除することができる。

　業界協会が本法の規定に違反し、当該業界の事業者を組織して独占協定を取り決めた場合、独占禁止法執行機関は是正を命じ、300万元以下の罰金に処することができる。情状が深刻な場合は、社会団体登記管理機関が法に基づき登記を撤回することができる。

第57条

　事業者が本法の規定に違反し、市場支配的地位を濫用した場合、独占禁止法執行機関が違法行為の停止を命じ、違法所得を没収し、且つ前年度の売上高の100分の１以上100分の10以下の罰金に処する。

第58条

　事業者が本法の規定に違反し集中を実施し、且つ競争を排除、制限する効果を有するまたはその可能性がある場合、国務院独占禁止法執行機関が集中の実施の停止、期限付きで株式または資産を処分する、期限付きで営業を譲渡する及びその他必要な措置を採用し集中以前の状態を回復するよう命じ、前年度の売上高の100分の10以下の罰金に

処する。競争を排除、制限する効果を有しない場合、500
万元以下の罰金に処する。

5 広告関連法

(1) 中国の現状

　消費者保護という観点では、中国における広告関連法令も重
要です。特に日系企業においては、中国市場で、一般消費者向
けの自社製品を販売されるケースは今後ますます増えてくるも
のと思われます。ところが、広告表現において日本では当たり
前と思われるものが、中国では禁止されているケースが少なく
ありません。

　中国に駐在や出張で滞在された方は、オフィスやマンション
のエレベーターホールで、広告が流さている光景をよく目にし
たかと思います。そのような広告においては同じ単語や商品名
を単純に連呼するだけのものも少なくありません。

　なぜ、このような広告を流すのでしょうか。中国の広告法に
その原因があると考えられます。端的にいえば、中国の広告法
下では、日本では当然に使用されている表現、手法の多くが用
いることができません。そうしたことから、企業は商品名や使
用できる表現を連呼する広告を流すしかないわけです。

　禁止される手法や表現について、もう少し具体的に見ていき
ます。

広告行為に関わる主要法令を整理すると以下のとおりです。

法　　令	改定日	主な注意内容
広告法	2018.10	広告行為の遵守事項全般
反不正当競争法	2019. 4	不正当競争行為の構成要件
消費者権益保護法	2013.10	消費者権益の擁護
民法典	2020. 1	広告内容と契約条件との関係など
インターネット広告管理暫定弁法	2016. 7	インターネットを用いた広告行為全般
食品安全法	2018.12	食品関係の広告

このほかに、工商局（中央・地方）が公布する規定類、商品に関わる部門（中央・地方）の規定、司法解釈などもあります。

⑵　広告で使用できない表現

広告法において広告で用いることができない表現が規定されています（広告法第9条）。

例えば、以下のような表現です。

・最高、最良、最新

・No.1、TOP

・唯一

・永久

・絶対

・万能

これらの表現を用いる場合、証拠に基づき客観的に検証可能なことが求められます（広告法第11条第2項）。ここでいう「検証可能」には、高いハードルが設定されており、科学的根拠や

権威のある機関または公の機関によるデータによる裏付けが求められます。日本でよく見かける「雑誌アンケートNo.1」といった表現は認められていません。

　客観的検証可能なデータに基づくものでないと判断された場合、違法な広告とされ、広告主に対して10万元以下の罰金が科せられるほか、広告代理店に対しても同じく10万元以下の罰金が科せられる可能性もあります。

　「No.1」などの表現は、日本では一般的な宣伝文句だと思います。皆様もスーパー、コンビニ、商品ポップなどで「No.1」の記載を目にしたことは、一度や二度ではないと思います。日系企業が中国で商品を展開する際に、「No.1」などと日本と同じ商品ポップを貼り付けたまま、または単に直訳してそのまま商品を販売し、「検証可能でないデータに基づき、No.1との表現を用い、消費者を惑わせた」と判断された場合には100万元以下の罰金、被害が大きいと判断された場合には、営業許可を取り消されるなどの処罰を受ける可能性も出てきます。

　広告法に基づく処分をまとめると次頁の表のとおりです。

	引証内容の不真実または出所の不明示	断片的・絶対的な用語の使用	虚偽広告の発表
一般の場合の処分	広告掲出の停止命令 10万元以下の罰金	広告掲出の停止命令 20万元以上100万元以下の罰金	広告掲出の停止命令 相応の範囲での影響の取り除き命令 ・広告料金の3倍以上5倍以下の罰金 ・広告料金が明らかに低過ぎる場合は、20万元以上100万元以下の罰金
状況が甚大である場合の処分	―	併せて ・営業許可書の取消し ・広告審査認可文書の取消し ・1年以内の広告審査申請の不受理	（2年以内に3回以上違法行為があり、又はその他重大な情状がある場合は、） ・広告料金の5倍以上10倍以下の罰金 ・広告料金が明らかに低過ぎる場合は、100万元以上200万元以下の罰金 ・営業許可書取消し 併せて ・広告審査認可文書の取消し ・1年以内の広告審査申請の不受理

(3) 日本との比較

　広告規制に注目し、先で紹介した中国と日本の規制の比較について見ていきたいと思います。

　日本における広告活動一般を規制する代表的な法律は不当景品類及び不当表示防止法（景品表示法）です。景品表示法は、その名のごとく、事業者による不当な景品と不当な表示を規制するための法律です。不当な景品と不当な表示を1つの法律で規制しているのは、これらがいずれも、一般消費者による商品やサービス購入の判断に不当な影響を与えるおそれがあるためです。不当な表示によって一般消費者の判断が悪影響を受けるということはイメージがしやすいと思いますが、不当な景品も「景品につられて、質の悪い商品・サービスや不当に高額な商品・サービスを購入してしまう」という形で一般消費者の判断を歪めるおそれがあります。

　表示に関し、景品表示法は、①優良誤認表示、②有利誤認表示、③その他不当な表示として内閣総理大臣が指定するものの3種類の表示を規制しています（第5条）。

　①の優良誤認表示は、商品やサービスの品質等、その内容について、実際のものよりも著しく優良であると示す表示や、事実に反して競争相手のものよりも著しく優良であると示す表示です。ただし、事実に反するものが規制対象であるため、客観的な調査結果に基づき、当該調査の正確かつ適正な引用といえるのであれば、「No.1」のような表現を使える場合もあります。また、優良誤認表示に関しては、政府機関が事業者に対して、

表示の裏付けとなる合理的な根拠を示す資料の提出を求めることができ、事業者が資料を出さない場合や資料が合理的な根拠を示すと認められない場合には、その表示は、措置命令との関係では不当表示とみなされ、課徴金納付命令との関係では不当表示と推定されることとなります（第 7 条第 2 項及び第 8 条第 3 項）。

②の有利誤認表示は、商品やサービスそのものの内容ではなく、価格等の取引条件が、取引の相手方（典型的なものは、それを購入する消費者）にとって、実際のものよりも著しく有利であると誤認される表示や競争相手のものよりも著しく有利であると誤認される表示のことです。

③の内閣総理大臣が指定する表示には、不動産のおとり広告等が含まれます。景品表示法違反となる表示には、消費者庁や都道府県が不当表示により一般消費者に与えた誤認の排除、再発防止策の実施、今後同様の違反行為を行わないことなどを命ずる「措置命令」を行うほか、消費者庁は、上記①②の不当表示を行った事業者に対して課徴金の納付命令を命じる権限が与えられています。

6　ステマ対策

ステルスマーケティング（いわゆるステマ）について、日本ではこれまで直接規制をする法的制度は存在しませんでしたが、2023年10月 1 日より、上記③の規制対象表示に「一般消費者が事業者の表示であることを判別することが困難である表

示」が追加されることとなりました[1]。本規制は、この書きぶりのごとく、ステルスマーケティングの定義及び問題性を「事業者が、一般消費者にとって、事業者による表示だと判断するのが困難である表示を行うこと」と整理し、このような表示を規制対象とすることになりました。

　中国でもECサイトを通じた販売が増加したことに伴い、巧妙な広告で消費者を誘引することが問題となりました。先に述べたように、中国では広告表現についての規制が厳しくなっています。これをかいくぐるため、インフルエンサーを通じた商品の紹介、販売促進が行われていますが、ステルスマーケティングが入り込む危険性があるため、以下のような規制がなされています。

インターネット広告管理弁法

第 9 条

　インターネット広告は識別性があり、消費者が広告であることを識別できるようにしなければならない。

　競争価格でランク付けされた商品やサービスについては、広告発信者は「広告」を明記し、自然検索結果と明確に区別しなければならない。

　法律、行政法規で広告の発行が禁止されている場合、または形を変えて広告を発行する場合を除き、知識の紹介、体験の共有、消費者による評価などの形で商品やサービスを販売し、ショッピングリンクなどの購入方法を添付する場合、広告発行者は「広告」を明記しなければならない。

第25条

　本法第８条、第９条の規定に違反して、医療、薬品、医療機器、保健食品、特殊な医学用途の処方食品広告を変相に発表し、インターネット広告に識別性がない場合、広告法第59条第３項の規定に従って処罰する。

広告法

第59条第３項

　広告が本法第14条の規定に違反し、識別可能性がない場合、または本法第19条の規定に違反し、医療、医薬品、医療機器、保健食品の広告を変相して発表した場合、市場監督管理部門は是正を命じ、広告発表者に10万元以下の罰金を科す。

【判　例】

　上記法令を踏まえ、判例を紹介したいと思います。紙幅の関係で事実の詳細は割愛しますが、本件では湖北省にある会社が、中国版TikTok（抖音）に商品へのリンクを貼ったショート動画を配信した際に「広告」である旨を表示していなかった、というものです。

　これに対し、中国の裁判所は中華人民共和国広告法第14条、インターネット広告管理弁法第９条の規定に違反し、インターネット広告管理弁法第25条、中華人民共和国広告法第59条の規定に基づき、罰金１万元の行政罰を命じました。

　広告規制の内容は日本と中国で大きく異なる部分があります。広告規制は広告の受け手を保護するためのものである以

上、どのような広告を対象に、どれくらいの厳しさで規制するかは、それぞれの国の状況や政策に左右されるものであるため、このように違いが生じるのはむしろ当然のことといえるでしょう。これは他の事業規制にも共通することであり、「日本で大丈夫なのだから、この国でも大丈夫なはずだ」といった考え方は、中国に限らず厳禁です。

法的規制への対応の問題のほかに、日系企業が中国への進出や中国市場に向けた広告活動を行う際に、中国市場の特性や中国の消費者の分析を十分行わず、日本で成功した広告手法をそのまま実施して大失敗をした、といった話も耳にします。法的規制の対応（守りの準備）や現地マーケティング（攻めの準備）は、いずれも、非常に重要な広告活動の一部であることをぜひ意識してもらえればと思います。

7 まとめ

ここまで中国における消費者保護を企業活動における広告という視点も含め解説してきました。前述のように、中国では禁止対象とされる行為類型も多く、罰則もそれぞれに規定されています。特にB to Cビジネスを展開される日系企業にとってはいずれも注意が必要な規程類です。

自社のブランド、ひいては日本ブランドに対する信頼感を損なわないためにも、制度をよく理解し、しっかりと対応いただければと思います。

《注》

1　消費者庁ウェブサイト「「一般消費者が事業者の表示であることを判別することが困難である表示」の指定及び「『一般消費者が事業者の表示であることを判別することが困難である表示』の運用基準」の公表について」(https://www.caa.go.jp/notice/entry/032672/参照。最終閲覧日：2023年 7 月18日)

第 3 章

個人情報保護法

近年、インターネット技術の進展により、個人情報が以前に比べてより流出しやすくなり、また個人の情報管理に対する意識が向上してきたことから、個人情報を保護するための法律が世界各国で整備され始めています。この点に関して、日本企業が最初に対応の必要に迫られたのは2018年5月に適用が開始された欧州のGDPR（General Data Protection Regulation）です。中国も同様の流れを受けて、2021年11月1日から個人情報保護法が施行されました（なお、同法はあくまでも中国大陸で制定された法律であり、香港、マカオ及び台湾の地域では異なる法律が適用されることにご留意ください）。同法は、中国国内企業のみならず、中国に拠点を持たない日本企業でも適用される可能性があります。例えば、日本国内で中国人向けのインバウンドビジネスをしたり（旅行・観光業、ホテル業等）、越境ECビジネスを通じて日本商品を直接中国国内に販売したりしている場合は、中国国内の消費者の個人情報を日常的に収集しているため、同法に沿った形で情報を保護する必要に迫られています。同法はGDPRに類似する部分もありますが、一部はより規制が厳格であるものや、異なる規定もあることから、GDPRとは別途異なる法律であるという前提で考えておくのが肝要です。本章では、同法の各規程に関する基礎的な解説、そして近時話題となっている顔認証に関する案例（裁判例）を紹介したいと思います。

1 個人情報保護の基礎知識

(1) 概　　要

個人情報保護法の構造は以下のとおりです。

第1章	総則
第2章	個人情報取扱規則 第1節　一般規定 第2節　個人のセンシティブ（敏感）情報の取扱規則 第3節　国家機関による個人情報の取扱いに関する特別 　　　　規定
第3章	個人情報の越境移転の規則
第4章	個人の個人情報取扱活動における権利
第5章	個人情報取扱者の義務
第6章	個人情報保護の職責を履行する部門
第7章	法律責任
第8章	附則

(2) 適用範囲

個人情報保護法は、属地主義[1]を原則とし、一部を域外適用[2]するという建付けになっています。すなわち、適用範囲は原則、「中華人民共和国の域内において、自然人の個人情報を取り扱う活動に対するもの」と定められています（第3条第1項）。そのため、個人情報を取り扱う主体（個人・法人）や国籍を問わず、中国「国内」で個人情報を取り扱う者は全て同法の適用

対象となります。

　では、「国外」はどのように規定されているのでしょうか。

　以下の、

①　中国域内の自然人に商品またはサービスを提供することを
　　目的とするとき、

②　中国域内の自然人の行動を分析し、評価するものであると
　　き、

③　法律・行政法規に規定するその他の状況

のいずれかに該当するときは、中国国外における中国域内の自
然人の個人情報の取扱いに対して同法が適用されます（第3条
第2項）。そのうち、特に注意が必要となり得る①の「目的」
の判断基準に関しては、その基準がやや不明確であるものの、
一般的にウェブページの中国域内からのアクセス可能性、中国
語表記の有無、決済に人民元が使用可能か（中国の決済アプリ
使用可能かも含めて）が考慮要素になるといわれています[3]。

(3) 個人情報の定義と分類

　個人情報保護法において個人情報は「一般的な個人情報」と
「個人のセンシティブ情報」（敏感個人情報）の2種類に分かれ
ます。

　「一般的な個人情報」とは、「電子的またはその他の方法で記
録された、識別されたまたは識別可能な自然人に関する各種情
報をいうが、匿名化処理後の情報は含まないもの」と定義され
ています（第4条第1項）。

　「個人のセンシティブ情報」は、「一旦漏洩し、または不法に

使用されると、自然人の人格の尊厳が侵害される、または人身、財産の安全に危害を与える可能性の高い個人情報をいい、生物的識別、宗教・信仰、特定の身分、医療・健康、金融口座、行動記録などの情報、及び14歳未満の未成年者の個人情報を含む」情報として定義付けられています（第28条第1項）。

　この点について、GDPRの「特別な種類の個人情報」(special categories of personal data) とは「人種的若しくは民族的な出自，政治的な意見、宗教上若しくは思想上の信条、又は、労働組合への加入を明らかにする個人情報の取扱い、並びに、遺伝子情報、自然人を一意に識別することを目的とする生体情報、健康に関する情報、又は、自然人の性生活若しくは性的指向に関する情報」をいいます（GDPR第9条第1項）。そのため、GDPRでは政治・宗教と生物の観点からの個人情報を特別な要配慮情報として扱いますが、個人情報保護法の「個人のセンシティブ情報」はこれよりも適用範囲が広く、更には財産関連の情報も含まれることが明記されている点に特徴があります。

　なお、日本法と比較すると、個人情報には、日本の個人情報保護法における「照合容易性」（他の情報と容易に照合することができ、それにより特定の個人を識別することができることとなること）は要件となっていない点に注意が必要です。

⑷　個人情報保護の原則

　個人情報保護法においては個人情報を取り扱う際の具体的なルールだけでなく、第5条から第9条まで抽象的な原則規定が設けられています。第5条は合法性・正当性・必要性・信義誠

実の原則、第6条は目的制限・利用制限の原則（第1項）及び最小化の原則（第2項）、第7条は公開透明の原則、第8条は正確性確保の原則、第9条は責任・安全性の原則を定めています。これらの原則については、GDPR（第5条）や日本の個人情報保護法（第15条ないし第23条等）においても類似の規定が置かれていることから、個人情報保護に対する抽象的な原則は各国いずれも共通しているものといえます。もちろん、これら原則が具体化された個々の規定は各国の間でそれぞれ異なる部分が多いのですが、世界的に見ても個人情報を保護する指針は同じ方向性だということが分かります。

⑸　個人情報取扱者の保護義務

個人情報保護法は、第5章（第51条ないし第59条）において独立した形で個人情報取扱者の義務を規定しています。この義務については、以下のとおり整理することができます。

項　　目	義務内容	条　　文
適法性及び安全性の確保	個人情報取扱者は、個人情報の取扱目的・方法、個人情報の種類・個人の権益に対する影響等に基づき、各種措置を講じて、個人情報の取扱いが法律等の規定に適合することを確実に保証し、かつ授権を経ていないアクセス及び個人情報の漏洩、改ざん、紛失を防止しなければならない。	第51条柱書
個人情報保護責任者の指定	個人情報が国家インターネット情報部門の規定数量に達する個人情報取扱者は、個人情報保護責任者を指定して、個人情報取扱活動及び講じて	第52条第1項

	いる保護措置等に対する監督責任を負わせなければならない。	
定期的な監査	個人情報取扱者は、その個人情報の取扱いの法律、行政法規の遵守情況について、定期的にコンプライアンス監査を実施しなければならない。	第54条
事前評価及び記録	一定の場合、個人情報取扱者は、個人情報保護の影響評価を事前に行い、かつ処理の状況を記録しなければならない。	第55条柱書
救済措置及び通知	個人情報の漏洩、改ざん、紛失が発生した、又は発生の恐れがあるとき、個人情報取扱者は、直ちに救済措置を講じるとともに、個人情報保護の職責を履行する部門及び個人に通知しなければならない。	第57条第1項柱書
大手プラットフォーマーの義務	重要なインターネットプラットフォームサービスを提供する個人情報取扱者、ユーザーの数が極めて多い個人情報取扱者、業務類型が複雑な個人情報取扱者は、コンプライアンス体制を確立し、関連規則を制定するなどの特別な義務を履行しなければならない。	第58条

　これらの義務に反した場合、個人情報保護法第66条第1項により是正命令や100万元以下の過料が科される（更に直接の責任を負う責任者の地位にある者にも1万元以上10万元以下の過料が科される可能性があります）ため、データコンプライアンスの意識は中国企業の間でも徐々に浸透し始めているようです。

⑹　データ三法との関係性

　中国実務では、個人情報を取り扱う際に、個人情報保護法の
みならず、サイバーセキュリティ法（以下「CS法」といいます）
とデータセキュリティ法（以下「DS法」といいます）を参照す
る必要があります。CS法（2017年6月施行）はネットワーク分
野のセキュリティに関する基本法であり、DS法（2021年9月施
行）は、その名のとおりデータのセキュリティ保護に関して定
められた法律です。これら2つの法と本法を加えたものが中国
では「データ三法」として呼ばれています。これら三法の関係
について、もちろん立法目的や内容に一定の差異があります
が、適用範囲が重複する部分も多々見られます。例えば、DS
法第27条では、インターネット等の情報ネットワークを利用し
てデータ取扱活動を展開するに当たり、CS法の定める等級保
護制度に基づいたデータセキュリティ保護義務を履行しなけれ
ばならないとされています。そのため、当該データがCS法に
定める「ネットワークデータ」に該当するときは、DS法だけ
でなく、CS法の規定も適用されることになります。また、定
義上、「データ」と「個人情報」は上位概念と下位概念の関係
にあるため、個人情報には常にDS法が適用される可能性があ
ることを念頭に置いておく必要があります。これらデータ三法
と密接する関係にある「ネットワーク安全審査規則」も重要情
報インフラ運営者やネットワークプラットフォームの経営者に
適用されるため、状況に応じて同規則の参照も必要となりま
す。

　2022年７月21日、中国国家インターネット情報弁公室により、中国配車サービス最大手の滴滴グローバル社は、個人情報の侵害・過剰な収集・安全技術措置の欠如等のデータ三法違反を理由として約80億人民元（日本円換算約1,600億円）の過料に科せられたという事例が注目を集めました。このような高額な処罰事例の発生を契機として、中国国内企業のデータコンプライアンスの意識が徐々に向上し始めたといえます。

2　個人情報の越境移転

⑴　個人情報保護法における越境移転の要件

　データの越境移転は、中国に設置した子会社と日本の親会社との間における顧客情報、従業員情報のやり取りや日本から中国サーバーへのアクセスでも生じるものであり、中国でも事業を行う日系企業を含めた多くの外資企業がその対策に迫られています。

　個人情報保護法第38条第１項は「個人情報取扱者が業務上の目的等で中華人民共和国の域外に個人情報を提供する必要がある場合、以下のいずれかの条件を具備する必要がある」と定めています。具体的には以下の各号要件と関連規則を参照する必要があります。

号　数	要　件	関連法・規則
①	個人情報保護法第40条の規定に基づき、国家インターネット情報部門におる安全評価に合格していること。	データ越境移転安全評価弁法[4]、データ越境移転安全評価申告ガイドライン（第1版）[5]
②	国家インターネット情報部門の規定に基づき、専門機構による個人情報保護の認証を得ていること。	個人情報保護認証実施規則[6]、個人情報取扱活動安全認証規範V2.0[7]
③	国家インターネット情報部門が制定した標準契約に従って、域外の受領者との間で契約を締結し、双方の権利及び義務を約定していること。	個人情報域外移転標準契約弁法[8]、個人情報域外適用標準合同届出ガイドライン（第1版）[9]
④	法律、行政法規又は国家インターネット情報部門が規定するその他の条件。	

　そのうえで、個人情報取扱者は、個人情報主体に必要な事項を告知し（個人情報保護法第17条、第30条及び第39条）、個別的な同意を取得したうえで（同法第39条）、越境移転の前に個人情報保護影響評価（PIA）を行い、関連記録を保存する義務（同法第55条第4号、第56条）が定められています[10]。

　2021年11月に個人情報保護法が施行された当時、①〜③の細則がまだ公布されていなかったため、越境移転については詳細が不明であるという状態だったのですが、2023年6月1日から施行された③の個人情報越境標準契約弁法の公布をもって、ついに①〜③に関する詳細な内容が一旦整備されたため、データ越境を行う企業が規制にどう対処していくのか大きな関心が寄

せられています。

⑵ 越境移転を行う場合の対応

　越境移転を行う場合、①〜③の方法のうち、どれを採用すべきなのでしょうか（④については、執筆時点（2023年7月現在）で、詳細が明らかにされていないため割愛をいたします）。一般的には、①は政府主管部門が自ら安全評価を行うため、②と③に比べて厳格な手続となることが予想されます。そのため、重要データや規定数を超える個人情報を扱う場合を除けば、②と③が現実的な選択となりますが、現時点で公開されている情報をもとにすれば、特に③は、実務上、上記3つのうちで最も広く活用されることが想定されています。

　③の具体的な手続として、個人情報取扱者は標準契約の効力発生日から10営業日以内に所在地の省レベル情報部門に対して、PIA報告書及び標準契約書を提出することが義務付けられています（個人情報越境移転標準契約弁法第7条）。ただし、③を採用する条件として、

⑴　重要情報インフラ運営者ではないこと、

⑵　処理する個人情報が100万人分未満であること、

⑶　前年1月1日からの類型で域外提供した個人情報が10万人分未満であること、

⑷　前年1月1日からの類型で域外提供した個人のセンシティブ情報が1万人分未満であること

の4つの要件をいずれも満たす必要がある点に注意が必要です。更に、越境移転する個人情報に「重要データ」が含まれて

いる場合には、DS法第31条に基づき行政規則に従って行う必要があるため、この場合に③は採用できません。また、③はあくまでも契約である以上、越境移転先の主体が契約内容に同意しなければ契約締結はできないため、相手方の性質によっても対応が異なることが予想されます。例えば親会社（在日本）、子会社（在中国）の関係であれば契約締結にそれほど抵抗はないものと思われますが、グループ会社でもない別の第三者が相手方の場合は、契約内容に対して難色を示す可能性があります。しかも、個人情報越境移転標準契約弁法においては標準契約の雛形に記載される内容を変更することができない前提の規定になっているので、この点の交渉が難航するおそれはあるでしょう（ただし、標準契約に記載のない事項については抵触しない限り約定可能だと考えられます）。

　そもそも、③の要件にも組み込まれているのですが、個人情報保護法第38条第1項の要件として越境移転が「真に必要であること」を満たさなければなりません。したがって、外資企業としては、中国境内で収集した個人情報を可能な限り中国境内で保存・処理するようにし、移転の範囲をなるべく限定して越境にかかるコストや時間をなるべく節約することが望ましいでしょう[11]。

3　顔認証に関する話題

　近年、中国ではテクノロジーの発展により、顔認証技術を利用したカメラなどの機器が急速に普及し、社会の至るところで

使用されています。こうした技術は、会社のオフィスやマンションの出入口に設置されたり、買い物をする際の認証方法として使用されたりしています。セキュリティを確保できる反面、個人のプライバシーや個人情報保護の面から留意しなければならないという議論もあります。こうした点について中国の裁判例（動物園における顔情報の取扱いに関する中国最初の民事事件）を紹介し、本章の締めくくりとさせていただきます。

　本件は、被告である杭州野生動物世界有限公司（以下「動物園」といいます）を個人情報取扱者として、同動物園の年間パスポート（以下「年パス」といいます）を購入した会員であるＡ氏が原告となって、Ａ氏の個人情報侵害を理由に顔情報の削除等を求めた訴訟案件です[12]。

　事実関係としては、

・Ａ氏は動物園の年パスを購入し、購入時に指紋登録、顔写真を撮影した。

・動物園は、顔写真が入園の際に指紋センサーが反応しない場合等の本人確認のために利用することを説明したが、その後、動物園は年パス会員の入園方法を指紋認証から顔認証に変更した。

・それに伴い、動物園は入園方法の変更を会員に通知し、顔認証による顔写真の使用許可を求めた。

・Ａ氏は顔写真の使用許可を拒否し、年パスのキャンセル及び顔写真の削除を求めた。

というものです。

　1審、2審の人民法院は下記を理由にいずれもＡ氏の顔識別

情報の削除請求等を認容しました。

　確かに、動物園はＡ氏が年パスを購入する際に指紋を含む個人情報を動物園に提供する必要があることを明確に告知し、Ａ氏はこれに同意していますが、Ａ氏が締結したのは「指紋認証による入園サービス契約」であり、顔認証によるものではありません。そもそも顔識別情報は個人のセンシティブ情報に当たります。そのため、動物園による顔識別情報の収集は「必要性の原則」を遵守しなければならず、必要性を超えたものとしてこの原則に違反しています。更に、動物園も収集の目的が将来運用予定の顔認証システムへの準備であることを明確に告知していなかったことも問題とされました。

　本人が顔写真の撮影に応じて顔認証情報を動物園側に提供したことは一見して同意を得ており、何ら問題がない行為のように思えます。しかし、明確な告知を怠っている場合は目的に照らして上述で説明した必要性の原則等に違反する可能性があるため、本件は顔情報を収集する事業者にとってインパクトを与えた裁判例であると考えられます。

4　関連する司法解釈の登場

　本案例が出された後、最高人民法院は、2021年7月27日に「顔認証技術を使用した個人情報の取扱いに関連する民事事件の審理における法律適用に若干の問題に関する規定」[13]（以下「本司法解釈」といいます）を公布しました。その内容は、情報取扱者による顔情報の取扱いが人格権の侵害行為に該当する場

合あるいは該当しない場合を列挙するものです。個別具体的な内容が掲げられているため、全国的に増加した顔認証に関係する紛争を全国で統一的に判断することを目的とした司法解釈であると考えられます。これに加えて、近時で話題になっている小区（日本では「団地」に相当するもの）の出入りに用いられる顔認証システムの是非についても、「不動産管理会社が顔認証をもって不動産所有者や使用者が区域内外を出入りする際、それが唯一の認証方式とされている場合で所有者らがこれに同意せずその他の合理的認証方式の提供を求めるときは、人民法院はこれを支持する」（本司法解釈第10条）と規定しています。天津市では実際に小区の出入りの顔認証方式について紛争となったケースがあり、人民法院が同司法解釈を引用して判断を行ったケースも実際に存在します[14]。本司法解釈の登場により、住民の出入りを顔認証方式で採用する小区にとっては悩ましい事態に陥ったといえます。住民らが顔認証方式に同意しない際に、どのように対処するのかは喫緊の課題です。小区によっては顔認証以外の方法を採用し直してこの問題を回避するところも見受けられます。テクノロジーの発達により精度な顔認証技術が生まれ、これを使う場面を見れば便利な世の中になったと誰もが思いますが、他方で個人情報保護に対する国民の意識が上がってきていることも事実です。そのため、顔認証の話題に限らず、今後の技術発展に伴う個人情報保護のバランスをいかにして保つのかは難しい判断が求められているといえます。

1 属地主義とは、国家はその領域内で行われた行為や事実に対して、行為者の国籍に関係なく管轄権を行使できるという原則をいいます。

2 域外適用とは、国家は国境を越えて自国または自国民の利益に影響を及ぼす行為や事実に対して、自国の法律により規制することをいいます。

3 孫彦『中国個人情報保護法制の実務』9頁（中央経済、2022年）。

4 「数据出境安全评估办法」

5 「数据出境安全评估申报指南（第1版)」

6 「个人信息保护认证实施规则」

7 「网络安全标准实践指南— 个人信息跨境处理活动安全认证规范V2.0」。なお、この規範は法的な拘束力を有さず、実務上任意に参照できるガイドラインという位置付けだと見受けられます。

8 「个人信息出境标准合同办法」

9 「个人信息出境标准合同备案指南（第1版)」

10 「告知」と「同意」の方式等については2023年12月1日から施行された「個人情報を取扱う際の告知と同意の実施に関するガイドライン」（个人信息处理中告知和同意的实施指南（国家標準化管理委員会発布：GB/T 42574-2023))が参考となります。

11 以下は執筆時点（2023年11月8日）で出されたパブコメ段階の新規定に基づいて追記するため、あくまでも補足となるのですが、国家インターネット情報弁公室から2023年9月28日付けで《規范和促进数据跨境流动规定（征求意见稿)》が公布されました。既に同年10月15日付けでパブコメ期間は終了しているのですが、これが正式に公布された場合、個人情報越境の実務にも大きく影響を与えるものと予想します。特に、本規定の第5条では、国外に提供する個人情報が1年間で1万人分に満たないことが予測される場合、①安全評価の申告、②個人情報保護の認証、③標準契約の締結が不要とされています。すなわち、越境させる個人情報の取扱数が少ない会社は、個人情報保護法第38第1項の適用を受け

ない結果、情報を越境させる際の手続が簡易化される可能性があ
ります。とはいえ個人情報保護法上PIAの実施が求められている
ことには変わりがありませんので、この点には留意が必要です。
本規定についてはまだ内容が変更される可能性があるため、引き
続き注視していただきたいと思います。

12　第 1 審：（2019）浙0111民初6971号浙江省杭州市冨陽区人民法
　　院、第 2 審：（2020）浙01民終10940号浙江省杭州市中級人民法院

13　最高人民法院关于审理使用人脸识别技术处理个人信息相关民事
　　案件适用法律若干问题的规定（法释〔2021〕15号）

14　数据法学微信公众号ウェブサイト「天津人脸识别案：小区以刷
　　脸作为唯一通行方式违法」、https://mp.weixin.qq.com/s/R1M1EYt
　　MDBZRuTwk3euGiQ、（最終閲覧日：2023年 7 月19日）

第 **4** 章

労務関連

「中国は労働者保護に厚い国」というのは、既に何度も耳にされているかと思いますが、そこには様々な要因があります。中国の労働契約法が、労働者保護に傾き過ぎている面もあれば、司法機関（裁判官）が社会の安定を重視し、紛争の速やかな解決を優先するあまり、資金に余裕がある（と思われる）企業側に負担を求めている、という側面もあります。

　法律という意味では、2008年の労働契約法施行以降、大きな改正は見られない状況であり、判例という点においても、ここ10年で大きな変化はないといってよいでしょう。

　では、労働者のマインドはどうでしょうか。中国の労働者は、引き続きお金へのこだわりが強いことに変化はありません。中国社会が豊かになったのは事実ですが、だからといって、金銭へのこだわりがなくなったわけではないのです。「貰えるものは、何でも貰う」「お金のためなら、なりふり構わない」という点に、変化はないといえましょう。

　では、「何も変化がないのか」といわれれば、決してそんなことはありません。中国における労働契約法にまつわる新たな動きは、従業員側が労働契約法やその他法令を、細かく理解するようになった、ということが挙げられます。近年では数年ごとに入れ替わる日本人管理者より、一般従業員の方がよほど、中国の労働契約法を正確に把握しているといえるでしょう。それに加えて、昨今のSNSの普及とAIの発展により、ネットを通じて、中国労働契約法にまつわる必要な知識は、すぐに収集することができるのです。つまり、中国での労務は、一層手強くなっているというのが実情です。このため、中国ビジネスに携

わる方々、特に中国現地で人を雇用して、ビジネスを展開される方々としては、より一層、労務に関わる法令と実務を、細かくかつ正確に理解する必要があるといえるでしょう。

この観点から、本章では改めて中国労働契約法の重要な部分を解説するとともに、実務の状況、日系企業に問題となりやすいポイントを解説します。

1 基本知識

この先の内容をよりよく理解いただくために、既にご存知の方も多いかと思いますが、中国労働契約法の基本を、まず説明していきたいと思います。

(1) 労働契約の期限（有期／無期）

> **労働契約法**
> 第13条
> 　使用者と労働者との合意を経て、期限の定めのある労働契約を締結することができる。

中国では労働契約に期限を設定することができます。ただし、後述しますが、条件によっては、無期限（終身雇用）に移行しなければならないケースも出てきます。また、こちらも後述しますが、労働契約を期間の途中で解除することは、簡単ではありません。そうしたことから、新たに従業員を雇用する場

合、期限の定めのある労働契約を締結することが一般的です。

　ただし、以下の条文があることに、留意してください。

労働契約法

第14条

　期間を固定しない労働契約とは、使用者と労働者が約定する確定した終了日のない労働契約を指す。使用者と労働者との合意を経て、期間を固定しない労働契約を締結することができる。

　次の各号に掲げるいずれかの状況に該当し、かつ労働者が労働契約の更新、締結を申し出、又は同意した場合は、労働者が固定期間労働契約の締結を申し出た場合を除き、期間を固定しない労働契約を締結しなければならない。

　⑴　労働者が当該使用者の下において、勤続満10年以上である場合

　⑵　使用者が初めて労働契約制度を実施し、又は国有企業を再編して労働契約を新たに締結する時に、労働者が当該使用者の下において、勤続満10年以上であり、かつ法定の定年退職年齢まで残り10年未満である場合

　⑶　連続して固定期間労働契約を2度締結し、かつ労働者が本法第39条及び第40条第1号、第2号に定める事由に該当せずに、労働契約を更新する場合

　　使用者が雇用開始日から満1年時に労働者と書面により労働契約を締結しない場合、使用者と労働者が既に期間を固定しない労働契約を締結したものとみな

す。

　使用者が雇用開始日から満1年時に労働者と書面により労働契約を締結しない場合、使用者と労働者が既に期間を固定しない労働契約を締結したものとみなす。

　この条文があるため、同一の使用者のもとで、期限のある労働契約を締結し続けるということはできません。このため使用者としては、どの時期に労働契約が終了となるのか、またどのタイミングで無期限の労働契約（終身雇用契約）に移行するのか、しっかり把握しておく必要があります。

⑵ 労働契約の解除／終了

　様々な事情から、労働契約を終了・解除するケースもあるかと思います。まず、労働契約が期間満了により終了となる場合、以下の基準で経済補償金を支給することになります。

経済補償金の計算式

計算式	時　期	基　数	月　数
経済補償金＝基数×月数	2007年12月31日までの在職期間	離職前12月間の月平均賃金	・1年ごとに補償月数が1増加 ・1年未満部分は、1とカウント ・最大12を上限とする
	2008年1月1日以降の在職期間	離職前12月間の月平均賃金 ※月平均賃金が所在市におけ	・1年ごとに補償月数が1増加 ・6カ月未満の部分は、0.5とカウント

		る前年度従業員の月平均賃金の3倍を上回る場合、3倍を上限とする	・6カ月〜1年の部分は、1とカウント ・月平均賃金が、所在市前年度従業員の月平均賃金の3倍を上回る場合、補償月数は最大12を上限とする

※労働契約法（2008年1月1日施行）前後で計算方法が異なる。

では、労働契約期間途中はどうでしょうか。この場合、基本的には従業員の同意なくして、労働契約を解除することはできません。とはいえ、例えば労働契約期間中であっても、従業員に著しい違反行為があった場合や、従業員が求めた能力に達していない場合、または企業の経済的な理由から、従業員を解雇せざるを得ないケースも生じてきます。この場合、使用者は労働契約法の規定に従い、労働契約を解除することになります。

ただし、この労働契約の解除が「違法」と判断された場合、会社が支給すべき経済補償金は、上記表の「2倍」に増えることになります。

⑶ 就業規則の重要性

労働契約をその期間途中で解除するケースはいくつかあります。リストラについては、第8章で解説しますので、ここでは問題従業員への対処としての懲戒解雇を検討していきます。懲戒解雇については、その根拠を「就業規則」と「証拠」に求めることになります。

しかし、私どもがご相談を受けるケースにおいては、このどちらかが、またはどちらも欠いているケースが少なくありませ

ん。就業規則は、制定されているだけでは足りず、以下のような、有効化手続を踏まなければなりません。

> ・従業員代表大会または全従業員との討論を経て、試案及び意見を出す
> ・労働組合（中国語：工会）または従業員代表と平等に協議を行う

　これら民主的プロセスを経て有効化手続が履行されて初めて、「人民法院の労働紛争案件における審理において、根拠することができる」（労働紛争事件審理解釈第19条）とされます。逆にいえば、有効化手続が履行されていなければ、労働紛争案件の審理で、根拠として用いることができないことになります。このように有効化手続は大変重要なものとなります。

　なお、「手続を経ていること」がポイントであり、決して「従業員や組合の同意がなければならない」というわけではありません。就業規則を適用される従業員からすれば、「これは厳し過ぎる」や「ここまでルールで縛るということは、私たちを信用していないのか」といった意見が出されることも少なくありません。しかし、就業規則とは、会社（使用者）が従業員をコントロールするために一方的に規定するルールです。従業員からの意見が「合理的なもの」であれば、検討していただければと思いますが、そうではない従業員個人の「希望」などは、反映する必要はありません。

　冒頭で中国は労働者保護に厚い国と申し上げました。

例えば、

・朝から１日中、ネットショッピングサイトを見ていた

・勤務時間中、自家用車内で昼寝していた

・社内で同僚と喧嘩した

といった理由で解雇した場合でも、就業規則が有効化されていない、または立証不足、「比例原則違反」（すなわち、違反事実に対し、受ける不利益が大き過ぎる）などを理由に、違法解雇として、原則の金額２倍の経済補償金の支払いを命じられた事例も、少なくありません。

　これらのリスクを回避し、企業側の正当性を認めさせるためには、理論武装と証拠収集の面で、周到な準備が欠かせません。いずれにせよ、専門家と内容・手続を確認しながら進めていくことが、望ましいといえます。

⑷　定年退職

　中国では定年により労働契約が満了（終了）となる場合でも、退職金の制度はありません。まして、定年は適法な労働契約の終了事由ですので、経済補償金の支給も不要です。企業としては負担が少なく、良い制度に見えるかもしれませんが、ことはそう単純ではありません。この制度のために、中国では定年退職が近い従業員ほどモチベーションが著しく低下する、会社の指示に従わないなど、マネジメントが難しくなる傾向にあります。

　ここには大きな制度上の問題点があります。すなわち、円満に定年退職を迎えると経済補償金などの金銭は一切受け取れな

いのに対し、労働契約の期間中（定年退職を間近に控える従業員の場合、その多くは、既に無期の労働契約に移行しているでしょう）に会社都合で解雇された場合には、経済保償金が支払われ、更にこれが違法解雇と認定されれば 2 倍の経済補償金を受け取ることができるからです。

経済補償金の額は、勤務年数が長いほど増え、多くの場合定年退職直前がピークとなります。円満な定年退職より、解雇されることを望む従業員が出てくるのも、やむを得ない面があります。この点は、中国労働契約法上の矛盾といってよいでしょう。

以上が、中国における労務の動向を理解していただくための、基礎的な知識です。これを踏まえ、以下では特に日系現地法人によく見られる労務トラブルを紹介していきましょう。

2　発生しがちな労務トラブル

日系企業で起きがちな労務トラブルには、一定の傾向が見られます。よくあるトラブル事例としては、以下が挙げられます。

(1)　残業賃金の支払い不足

代休の取扱いの誤り、残業代基数の誤りなどの事例が見受けられます。

残業代については、以下のような規定があります。

中国労働法

第44条

　次の各号の事由のいずれかに該当する場合は、使用者は、次の各号に掲げる基準に従い、労働者の正規の労働時間の賃金より高額の賃金報酬を支給しなければならない。

(1)　労働者に時間外労働を手配する場合は、賃金の150パーセントを下回らない賃金報酬を支給すること

(2)　休日に労働者に業務を手配し、かつ代休を手配することのできない場合は、賃金の200パーセントを下回らない賃金報酬を支給すること

(3)　法定休日・祝日に労働者に業務を手配する場合は、賃金の300パーセントを下回らない賃金報酬を支給すること

　すなわち、平日の残業は労働者の時給の150％、土日の残業は労働者の時給の200％、法定祝祭日の残業は労働者の時給の300％で、それぞれ残業代を計算することになります。なお、代休として処理できるのは「土日」に行われた残業だけである、という点に注意してください。また残業代の基数については、「基本給与」で計算するというミスもよく見られます。正しくは基本給与のほか、役職手当などの手当も含めて、基数を算出する必要があります。

　総経理、○○部長などの肩書のある方の残業代の取扱いについては、日本と中国で取扱いが異なります。

　日本では、監督若しくは管理の地位にある者、いわゆる「管理監督者」には労働基準法の定める労働時間、休憩及び休日に関する規定が適用されない（労働基準法第44条第２号）ため、会社は残業代や休日労働手当を支払う必要がありません[1]。ただし、管理監督者であっても、22時から５時までの時間帯に勤務をした場合の深夜手当の請求権があります。

　中国では「総経理」「部長」といった肩書がある、いわゆる管理職であっても、事前に当局（行政許可審査局）への申請と許可がない限り、一般従業員と同じ基準で残業代が発生します。

　日本の制度、慣習に引っ張られ、思い込みで残業代を支給していないケースも散見されますので、注意していただきたいと思います。これを知らずに残業代を支給しなければ、賃金の一部未払いとみなされ、従業員に対し、賠償金の支払いを命じられたり、場合によっては行政罰が科せられたりします。

⑵　社会保険料、住宅積立金の未払い

　社会保険料、住宅積立金の未払いは、過失（ミス）による場合と、故意による場合、どちらも見受けられます。過失（ミス）は、人間である以上、ある程度生じる可能性があります。問題は故意によるものです。

　故意とは、社会保険料、住宅積立金の納付額を下げるため、従業員が企業と話し合い、あえて低い基数で申告するというものです。この背景には、少しでも手取り給与を増やしたい従業員と、社会保険料会社負担分を軽減させたい企業側、双方の思

惑があります。

　しかし、社会保険料、住宅積立金は会社が源泉徴収し、企業負担分も追加して、企業が納付すべきものです。これは、国に対する企業自身の義務ですので、従業員側がどれだけ希望しようと、仮に「低い基数で納付することに同意します」という書面をとっていたとしても、免除されるものではありません。

　近年では自身から低い納付基数での申告を希望していたにもかかわらず、定年退職の際に会社に対し「社会保険料の未納があるので、追加納付してください」「追加納付に応じてくれなければ、会社の違法行為として、税務局に通報します」と、手のひらを返して会社を脅迫してくるケースも見られます。厳しい言い方をすれば、中国だから、と安易に違法な行為に手を出した結果ともいえるでしょう。

⑶　配置転換の合理性と合法性

　配置転換には、

a　ポジションの変更

b　aに加えて、勤務地の変更を含むもの

が考えられます。どちらも近年、問題となっているものですので、紹介します。

a　ポジションの変更

　日本ではジョブローテーションの一貫として、ポジションの変更は定期的に行われるのが一般的です。担当部署、役職が変わることも決して珍しくありません。雇用契約において部署・役職の変更が可能であることを定めていれば、企業は広く変更

を命じることができ、従業員はこれを拒否できません。ポジションの変更を命じる業務上の必要性がない場合、変更に不当な動機・目的が認められる場合または変更によって従業員に対し通常甘受すべき程度を著しく超える不利益が生じるといった例外的な事情が認められる場合のみ、会社の命令は権利の濫用として無効になります。

中国でも、役職の変更が決してできないというわけではありませんが、いくつかの注意点があります。通常、役職は労働契約における重要な部分と理解されており、これを変更する場合、労働者の同意が必要とされています。

では、労働契約書に、ポジションを詳細まで規定せず、「○○部所属」などとある程度幅を持たせた記載をした場合は、どうでしょうか。この場合、労働契約締結時点で、従業員側が同意していた場合、使用者の判断による変更が可能と理解されています。ただしこの場合も、従来から大きくかけ離れたポジションへの異動、閑職への異動などを強いた場合には、侮辱的な取扱いということで、違法と判断される可能性が生じます。

いずれにせよ、基本的には労働者本人の同意のもと実施されるのが望ましいといえます。

b 勤務地の変更

日本の感覚と中国の実務に違いがあり、問題が起きることが多い場面です。

日本では、勤務地の変更について、ポジションの変更と同様、雇用契約において会社の命令権が定められていれば、権利濫用となる例外的な場合を除き、会社は転勤を広く命じること

ができます。

　ところが中国の場合、中国国内の各市・省にある拠点は、法的には別組織になります。このため、市・省をまたがって異動させる場合、例えばＡ（上海）有限公司の従業員をＡ（蘇州）有限公司に転籍させる場合、Ａ（上海）有限公司との労働契約を解除し、Ａ（蘇州）有限公司と改めて労働契約を締結する、という作業が必要になります。

　詳細を述べますと話が大きく脱線しますので、割愛しますが、中国には戸籍制度があり、通常は出生地で戸籍を付与されます。この戸籍所在地以外で生活をすること、また戸籍を移すことには、大きなハードルがあり、例えば北京では年齢・学歴などのほか、一定期間[2]の連続した社会保険料の納付といった要件があります。

　ところで、この社会保険は、基本的に「労働契約締結地」で納付することになりますので、配置転換により勤務が変更した場合、上記のとおり労働契約締結地も変更となり、それに応じて社会保険納付地も変更になります。こうなると、上記のように戸籍移転のための要件を満たすことはできなくなります。これも、中国で配置転換を妨げる１つの要因となっています。

　ポジションの変更、勤務地の変更とも、中国の実務では「労働契約の重要な部分の変更」と捉えられています。このため、基本的には従業員の同意なくして、変更することはできないと解されています。

　日本の感覚ですと、会社の指示であればポジションの変更、勤務地の変更について、基本的に従業員は会社の命令に素直に

従うというイメージかと思います。日本の感覚で配置転換を強行したり、配置転換に従わない従業員に減給のような不利益を与えたりするなどした場合、違法と判断されることになります。

3　仮病対応

いわゆる「悪意の病気休暇」と呼ばれるものです。中国労働法における病気休暇（病休）には、私どもからすれば「制度的欠陥」と指摘できる部分があるように思われます。

まずは、以下の表をご覧ください。

中国における病気休暇の取得日数とその要件

累積勤務年数（他の使用者のもとでの勤務年数も含む）	現在の使用者のもとでの勤務年数	医療機関の享受周期	医療休暇期間
10年未満	5年未満	病休初日からの6ヶ月以内に	3ヶ月
	5年以上	病休初日からの12ヶ月以内に	6ヶ月
10年以上	5年未満		6ヶ月
	5年以上〜10年未満	病休初日からの15ヶ月以内に	9ヶ月
	10年以上〜15年未満	病休初日からの18ヶ月以内に	12ヶ月
	15年以上〜20年未満	病休初日からの24ヶ月以内に	18ヶ月
	20年以上	病休初日からの	24ヶ月

		30ヶ月以内に	

病気休暇期間中の賃金待遇：北京市最低賃金（2,320元／1ヶ月）の80％
（1,856元／1ヶ月）を下回らない。
※2023年1月時点における北京市の場合。

　これは、中国における病気休暇の取得日数と、その要件を簡
単にまとめたものです。病気休暇について長期の取得が認めら
れて、期間中は、給与を支給しなければならず、かつ労働契約
を解除することはできないとされています。

企業従業員の疾病又は業務外負傷の医療期間の規定

第3条

　企業従業員は、疾病し、又は業務外負傷をしたことによ
り、業務を停止して医療をする必要のあるときは、本人の
実際業務参加期間及び当該単位での業務期間に基づき、
3ヶ月ないし24ヶ月の医療期間を与える。

　⑴　実際の業務期間が10年以下で、当該単位での業務期
　　　間が5年以下の場合には、3ヶ月とする。5年以上の
　　　場合には、6ヶ月とする。

　⑵　実際の業務期間が10年以上で、当該単位での業務期
　　　間が5年以下の場合には、6ヶ月とする。5年以上10
　　　年以下の場合には、9ヶ月とする。10年以上15年以下
　　　の場合には、12ヶ月とする。15年以上20年以下の場合
　　　には、18ヶ月とする。20年以上の場合には、24ヶ月と
　　　する。

第4条

　医療期間について、

３ヶ月の場合には、６ヶ月内で病気休暇期間を累計計算する。

６ヶ月の場合、12ヶ月内で病気休暇期間を累計計算する。

９ヶ月の場合、15ヶ月内で病気休暇期間を累計計算する。

12ヶ月の場合、18ヶ月内で病気休暇期間を累計計算する。

18ヶ月の場合、24ヶ月内で病気休暇期間を累計計算する。

24ヶ月の場合、30ヶ月内で病気休暇期間を累計計算する。

労働契約法

第42条（一部抜粋）

労働者が次の各号に掲げる事由のいずれかに該当する場合、使用者は、本法第40条、第41条の規定に従い、労働契約を解除してはならない。

(3) 病を患い、又は業務外の理由で負傷し、規定の医療期間内にある場合

さて、病気休暇中の賃金については、地域ごとに差はありますが、概ね当地の最低賃金の80％を下回らない額、とされています。

ところが、中国にある日系企業の就業規則においては、この病気休暇中の待遇について、「正常賃金の80％」となっていることが、少なくありません。これは、日系企業が、本章で述べるような問題点を意識せずに、安易に割合を定めてしまっているからであると思われます。これに目をつけ、日系企業の従業員の中には、積極的に病気休暇を取得し、働かずして、正常賃金の80％を得ることを考える者が出てきます。これを、「悪意の病気休暇」といいます。

　中国の病院・医師はトラブルを避けたいあまり、患者に言われるがまま、診断書を書いてしまうことが少なくありません。近年、私どもがよく目にする症例は「腰痛」「うつ病」などです。もちろん、本当に重篤な状態にある従業員もいらっしゃるでしょう。しかし実際は、この病気休暇中に旅行に出かけたり、副業をしたりといったケースが大多数です。

　この病気休暇の制度は、悪用されることが多いと、肝に銘じていただきたいと思います。ところが、日系企業の多くでは、この制度を正確に把握せず、日本的な「性善説」と組み合わせ、更に事態を悪化させているケースも少なくありません。その原因を探るために、ここで一旦、日本の病気休暇について確認してみましょう。

　日本では、従業員が業務外で病気になった場合を対象とする、法律上の病気休暇制度はありません。一定規模以上の会社では、会社は給与を支給しない休職制度を設けているところが多く、従業員は休職制度を使って業務を休み、健康保険の傷病手当を受け取る、という対応が一般的です。このような手厚い

社会保障に引っ張られ、中国の病気休暇手当（ただし、こちらは会社支給）についても、従業員の立場から、手厚い保護を考えられる日系企業が多いのではないかと推察いたします。

　しかしながら、先に説明しましたとおり、中国での病気休暇は、制度を悪用すれば、相当長期の期間中取得することが可能です。この期間、ずっと「正常賃金」や「正常賃金の8割」が支給されるとすれば、真剣に働くことにむなしさを覚え、病気休暇に走る[3]従業員が出ても、おかしくはありません。

　ここまでの説明を読まれた方の中には、「そうはいっても、本当に重篤な病気になった人が、可哀想ではないか」と思われる方もいらっしゃるでしょう。ですが大丈夫です。そのような場合には、企業がこれまでの貢献を考慮し、「一時見舞金」や「特別一時金」の形で、一定の金銭を支給することを、法は禁止していません。また、中国にも社会保険制度があります。企業も、決して小さくない額を毎月納付されているかと思います。これを活用することで、従業員の生活を維持できるはずです。

4　近年見られたトラブル事例

　ここからは、実際のトラブル事例をベースにした架空の事例を紹介します。まずは、以下の条文をご確認ください。

労働契約法

第10条

すでに労働関係が存在しているが、書面による労働契約を締結していない場合、雇用のうえ勤務を開始した日より1ヶ月以内に、労働契約を締結しなければならない。

第14条

　　雇用単位が、労働者の勤務開始日から起算して満1年以内に、労働者と書面による労働契約を締結しない場合、労働者との間で期間の定めのない労働契約を締結したものとみなす。

第82条

　　雇用単位が雇用の日から1ヶ月を経過し、1年未満の間、労働者との間で書面による労働契約を締結していない場合、労働者に対して毎月倍額の賃金を支払わなければならない。

　　トラブルの実態は、概ねこのようなものです。日系企業中国現地法人では、業務拡大にあわせて営業アシスタントを募集し、採用しました。人事担当者は、当然労働契約法の基本的な内容を理解しているので、入社日に、新入社員に対して、書面による労働契約の締結を行うため、労働契約書を提示します。

　　この際、従業員から「細かい内容も書かれているので、納得してから署名したい。自宅に持ち帰り、じっくり読ませてください」との申し出がなされ、人事担当者は翌日に持参のうえ提出することを告げたうえで、持ち帰ることを許可しました。そしてあろうことか人事担当者は署名入りの労働契約書の回収を忘れてしまったのです。

　さて、先に中国では労働契約について、

・期限の定めのある労働契約

・期限の定めのない労働契約（終身雇用）

の2つの形式があることを説明いたしました。また、3回目（地域によっては2回目）の労働契約を更新する場合、または10年以上の連続して勤務する場合には、期限の定めのない（終身雇用）に切り替わることとなります。このため中国では一般的に、使用者は、少なくとも最初の労働契約締結時は「期限の定めのある労働契約」を締結し、この期間満了時に、雇用を継続するか見極める手法をとっています。

　このケースでも、まずは2年の期限の定めのある労働契約を締結したと会社は認識していました。その後、様々な事情から、当該従業員との労働契約を、期間満了を理由に終了させようとした際、当該従業員からは、以下のような主張がされました。

①　未払いの給与があるので、支払ってください。

②　2年の契約？　バカ言わないでください。私は終身雇用ですよ。終了させるなら、2倍の経済補償金を払ってください。

　残念ながら、従業員側の、一見荒唐無稽に見える主張は、実は法律的にはきちんとした裏付けがあるものでした。先ほど紹介しました、労働契約法第10条、第14条、第82条をご確認ください。そこでは確かに、「1ヶ月以内の書面による労働契約の締結」「1年以内に、書面による労働契約の締結がない場合、終身雇用になること」「書面による労働契約の締結がない場合

の、賃金の倍払い」が規定されています。これらの規定が見事に悪用されたわけです。

　企業側は従業員に対し、書面による労働契約の締結を提示したことを主張したいところですが、そのことを裏付ける証拠は、どこにもありません。労働契約法を熟知する従業員に、見事にカモにされた、といわざるを得ません。現代は、このような「頭脳戦」になっていることを、肝に銘じていただきたいと思います。

5　ま　と　め

　本章では、日系企業に起こりがちなトラブルを例に、解説をしてきました。中国系企業や欧米系企業でこのような問題が起きていないのかといえば、法律が同じである以上、起きていないわけがありません。では、なぜ「日系企業における傾向」というものが発生するのでしょうか。

　第一に、中国の法制度を完全に把握せず、日本の感覚で運用していることからくる誤りが見られます。中国の法令は、日本と似ているところが多くあります。それゆえに、しっかりと事実を確認せず、感覚で運用してしまっているケースが見られます。

　次に、「中国だから」という思い込みが、判断を誤らせているケースも見られます。今回、本書を出版した理由でもありますが、日本人の中には、「中国だから、法律は守らなくてもいい」という古い価値観をいまだに引きずっておられる方が少な

くありません。

　しかし、ここまで見てきたように、中国人の方こそ、紛争解決の手段として、司法を上手に活用している時代です。

　更に、日系企業ならではの「優先順位」にも、原因があると思われます。第7章「紛争解決」でも触れるところではありますが、日系企業は仲裁・訴訟を通じての紛争解決を過度に嫌う傾向にあります。こちら中国にいらっしゃる現地法人責任者から「自分の在任期間中に仲裁、訴訟が発生したら、それだけで本社からマイナスの評価を受ける」と聞いたことは、一度や二度ではありません。

　筆者は、中国系企業や欧米系企業と労務紛争における傾向の大きな違いは、ここにあると思っています。中国系企業や欧米系企業は、仲裁・訴訟について、「やりたければ、どうぞ」というスタンスであり、仲裁・訴訟を提起されることを前提に、日頃から証拠の収集などに務めています。これに対し日系企業が考えるのは、「いかにして、仲裁・訴訟を回避するか」です。このため、証拠収集をすべきタイミングでも、「ここで無理に署名を求めたら、従業員がヘソを曲げるのではないか」など、必要以上に従業員の気持ちを慮り、後手を踏んでいる印象です。

　法令を無視し、紛争を起こせと申し上げるわけではありません。コンプライアンスが重視される現代にあって、法令を遵守することは当然の努力です。ただし、法令を遵守していても、労働仲裁や訴訟は労働者の権利である以上、完全に回避することはできないということは、今一度ご理解いただきたいと思い

ます。そのうえで、引き続き中国における労務が、「労働者寄り」であることを、肝に銘じていただきたいと思います。

《注》
1　なお、日本の法制度上、「管理監督者」は使用者と一体となった立場の限られた従業員を想定されていますが、実際には、大手企業を含め、相当広い範囲の従業員を管理監督者扱いにして残業代の対象外としている例もあります。この点は、潜在的な未払残業代発生のリスクに関する大きな法的論点なのですが、詳細については割愛します。
2　必要とされる年数は、その他の条件などにより長短します。
3　そして多くの場合、仮病により休暇を取得した従業員の多くは、副業に精を出しているのが、現実です。

第 5 章

不正問題

中国歴代王朝の衰退原因の1つに、官僚・宦官による不正蓄財があるケースは少なくありません。もちろん、後述のとおり、中国人だから不正を犯すとも限りませんし、中国人以外（例えば日本人駐在員）でも、不正を犯す人間はいます。

　とはいえ、筆者の経験からいえば、中国社会に賄賂や不正蓄財が根強く残っているのは、事実と感じます。例えば、実際に中国でビジネスに関わられた皆様の中には、取引相手、政府役人（税関、消防、公安）などから「小遣い」を求められた経験もあるかと思います。近年では、中国政府も、政府関係者による収賄に対して厳しい姿勢を見せており、この考えが各法令にも反映されつつありますが2024年時点でもなお、「強請り、たかり」の類が残されているのが現実です。

　また、中国現地法人において、従業員による横領事例も、後を絶ちません。特に新型コロナウイルスの影響で、日本人管理者が現地に渡航できず、「なし崩し的な現地化」が行われた結果、現地法人における資金の流れが完全にブラックボックス化していました。そして2023年のアフターコロナを迎え、日系現地法人では不正問題が雨後の竹の子のように発見されている状況です。

　さて、前述のように、不正については、①現地法人からの外部に対する不正な支出、②現地法人内部における不正蓄財の2つが考えられます。以下で解説していきます。

1 現地法人からの外部に対する不正な支出

①現地法人からの外部に対する支出について検討するに当たり、興味深い事例を紹介します。

【事例1】

中国T市に拠点を置く某日系企業現地法人は、現地消防局による定期立ち入り検査を受けた。その際に、消火器の数、設置場所が市の基準を満たしていないとの指摘を受けた。現地法人の総経理は指摘を真摯に受け止め、改善を約束したが、消防局からは「強制するつもりはないが、信頼しているコンサルティング会社がある。私どもとしては、このコンサルティング会社を通じ、改善計画を作成することをオススメする」とのコメントがあった。

総経理は、中国に慣れているので、彼らの意図を汲み、指定されたコンサルティング会社との契約を、本社への稟議に回した。ところが、本社のコンプライアンス部門からは、「コンサルティング会社との契約の必要について説明を求める」「どうしても契約が必要である場合、類似他社との相見積もりを取得するように」「相見積もりのうえでなければ、承認できない」との意見が出された。

相見積もりといって、どこから見積もりをとればいいのか。そもそも、相見積もりをとって、より安価な額を提示したコンサルティング会社があったとしても、そこを通じ

て改善計画を出しても、意味があるのか……。現地法人総経理は、頭を抱えることとなった。

この事例はいくつかの示唆を含んでいます。つまり、

・「オススメ」以外のコンサルティング会社を起用したとしても、消防局が改善計画を認めないことが現地担当者には想定できた
・コンプライアンス部門の指摘はもっともだが、それに従えない事情も現地にはある

確かに、当局が「オススメ」するままのコンサルティング会社を起用するのはコンプライアンス上望ましくないように見えます。しかし、指摘されたコンサルティング会社を起用しなければ、当局はあの手この手を駆使して、営業停止を含むあらゆる嫌がらせ行為を続けるでしょう。

法律に携わる者として、全てが法令に従い、クリーンかつ可視化された中でビジネスをできれば、どんなにいいことだろうとは思います。しかし現実には、机上の論だけではなく、実情を踏まえた判断がどうしても必要な場面も出てきます。まして、こちら（中国）は海外であり、商習慣も文化も異なります。日本の価値観が当てはまらない部分も、やはり存在します。

余談ですが、中国ビジネスに関わっていると、現地法人管理者の、日本本社のコンプライアンス部門の無理解を嘆く声を、よく耳にします。すなわち、「リスクのないビジネスなど存在

しない」「そこまでリスクを強調するなら、いっそ何もしない方がよいように聞こえる」「お前、こっち来てやってみろ！ と言いたい」といった声です。

　私は、利益とリスクのバランスの中で勝負するのが、ビジネスだと思っています。もちろん、是正・調整が必要ではありますが、反面、形式面にこだわり過ぎると中国におけるビジネスの突破口を見失う場面があるのも事実です。

　ただし、何でもかんでも求められるがまま支払ってもよい、というわけでもありません。そのことが分かる事例を紹介します。

【事例2】

　X市に分公司を置く某日系企業現地法人は、当地の応急管理部門からの立ち入り調査を受けた。調査担当者が言うには「匿名の人物から、危険物を許可なくオフィスで保管していると、通報があった」とのことである。確かに、倉庫会社との契約の切り替えを検討しており、数日、危険物を一旦オフィスに移動させたところであった。

　担当者は「これは重大な違反だ。このままでは、営業許可証の取消しもやむを得ない。ただし、今すぐこれを、ライセンスを有する倉庫に戻し、私たちに協力費を渡せば、見逃してやってもよい」と交渉を持ちかけてきた。

　現地法人責任者は、危険物を許可なくオフィスに置いたとの負い目もあること、及び営業許可証を取り上げられた場合、取引先への供給責任を果たせなくなることをおそ

れ、担当者の申し出に応じ、協力費1万元を現金で渡すと同時に、先日まで保管を依頼していた倉庫会社に、引き続き危険物の倉庫での管理を委託した。

　これでようやく問題が解決したかに思えたが、ことはそう簡単ではなかった。翌日以降、自称応急管理部門の人間が入れ替わり立ち替わり現地法人に押し寄せ、「黙っていて欲しければ、自分にも金を寄こせ」と要求する事態に陥ったのです。

　現地法人は、最初に1万元を渡した担当者にクレームを入れましたが、彼からは「私は、与えられた職務に従い、立ち入り調査をしただけだ。利益供与を受けたなどと、言いがかりは今すぐに止めよ。いいか、我々はいつでも貴社の営業許可証を取り消すことができる。それに比べてどちらがよいか、よく考えるように」と、なしのつぶてであった。

　結局、会社は10名以上の「自称関係者」に、それぞれ1万元ずつを払うこととなった。

　読者の皆様には、密告者が誰であったか、また誰と誰がグルだったのか、既にお気付きのことかと思います。ある時は味方だった人・組織が、利益構造が変わった瞬間、敵に変わるということは、中国では往々にして見られるものです。

　本件は、安易に「金での解決」に頼ることの怖さを示す一例ともいえます。では、どうすべきだったでしょうか。本件の問題は、とにもかくにも、「付け入る隙を与えた」ことです。そ

もそも、「少しならいいだろう」と違法性を認識していながら、危険物をオフィスで保管したことが、全ての原因です。

まずは、こういった「グレーゾーン」に関わりたくないと考えるのであれば、付け入る隙を与えないという姿勢が求められます。また、違法が重大な場合は特に、役人に「お小遣い」を渡したくらいでは、問題は解決されません。無心され、金銭を渡したにもかかわらず、結局処罰は回避も軽減もできなかった、というケースも決して少なくありません。

確かに中国ビジネスは「カネとコネ」といわれてきました。そして、そういった部分が全くなくなったわけではありません。ただし、「カネとコネがあれば、全てを解決できる」ものではありません。安易な手段と勘違いした結果、どんどんと深みにハマっていくことだけは、避けていただきたいと思います。カネもコネも、万能ではないということを、肝に銘じるべきでしょう。

ここまで、社外との関係とそこで生じる不正、その対応について解説してきました。ここからは、社内の不正について、解説していきます。

2 社内の不正

まずは事例を紹介します。

【事例3】
　A氏（男性）は日系アパレル製販会社の中国現地法人の

総経理であるが、ある日、日本本社より、同現地法人における主要原料の購買価額が、グループ他拠点と比較して割高である、との指摘を受けた。

指摘を受けてA氏は、購買担当のZ女史に、説明を求めるとともに価額調査を指示した。Z女史からは「品質が良いので、ここから納入させている」との回答であった。工場長に確認したところ、確かに品質に大きな問題はないが、だからといって、特別に高品質というわけでもない、という回答であった。

改めて、購買担当に「取引先会社の詳細の報告」と「次回以降の相見積もりの実施」を指示したが、安定供給を理由に、のらりくらりと指示を無視し続けた。いよいよ不審に思った総経理は購買担当を、ジョブローテーションを理由に異動させ、そのうえで調査に着手することを考えた。しかし、異動を打診したところZ女史は激しい抵抗を見せると同時に、「異動を強行するのであれば、明日にでも、この取引先からの供給を完全に止めて、製造できなくしてやる」と会社を脅してきた。

会社側は、他拠点から供給することで供給責任を果たせるよう調整のうえ、覚悟をもって、担当者を変更させたうえ、調査を開始した。調査の結果、取引先から購買担当者に長年にわたり多額のキックバックが行われていたことが発覚した。

この事実を踏まえ、会社は担当者を解雇し、社内の購買・調達制度を刷新。本社も一丸となって、不正撲滅に向

けて取り組むこととなった。

さて、購買部門の担当者が、取引先と結託し、キックバック目当てに発注先・発注数を操作する、などは使い古された手法といえます。そして、2024年現在でも、外資・内資を問わず、あらゆる業界・業種でなお続いています。残念ながらこの「キックバック」は、中国の文化といっても過言ではないでしょう。

現地従業員による不正のパターンの事例として、購買担当を例に挙げましたが、他の部門でも同様の不正は発生しています。例えば人事部門では、人材紹介会社からキックバックを受けたり、総務部では社内運動会や社員旅行を巡ってキックバックが介在したり、外部コンサルティング会社からキックバックを受ける現地法人管理者といったケースも存在しました。結局、外部への発注行為が存在する部署全てに、不正の可能性があるとお考えください。

さて、「全て」と申しましたからには、当然管理部門にも、不正は存在します。すなわち、日本人の総経理（現地法人管理者）による不正も存在しています。

【事例4】

現地法人α有限公司の本社に、「αの日本人総経理は、副総経理と不倫関係にあり、二人で会社のお金を横領している」というメッセージとともに、メンテナンス会社宛の大量の発注書、総経理と副総経理が親しげに連れ添って歩

く隠し撮り動画、各所をテープなどで仮補修してある製造ラインの写真が送られてきた。

　手法としてはオーソドックスで、副総経理の親族名義で会社（ペーパーカンパニー）を設立し、ここに毎月のメンテナンスを、高値で委託していた、というもののようである。

　しかし、日本本社が調査をしたくても、現地法人の運営は完全にこの日本人総経理と現地副総経理に任せきっており、彼らなしでは何も動かせない状況であった。

　日本本社は、形式的に総経理と副総経理に「このような通報があったが」と伝えたうえで、ヒアリングを実施したが、本人たちが強く否定したこと、及び総経理が「最近、態度不良で辞めさせた従業員がいる。おそらく、その従業員の意趣返しだろう」との説明を受け入れ、本件をこれ以上追及しないこととした。

　この事例は、実際に起きたものをベースに、「最悪の対応」を行ったものにアレンジしてあります。そもそも、内部通報の結果を、当事者に教えるなど悪手でありますし、有耶無耶のまま、「臭いものに蓋をする」といった対応では、現地法人の収益は全て不正により搾取されてしまいます。

　なお、実際には、現地でヒアリングを含む調査を行い、不正の証拠を見つけ、総経理及び副総経理ともに解雇させ、日本から新たな管理者が着任のうえ、現地法人の立て直しが進められています。

さて、ここからは、不正問題への対応を、解説していきます。まずは不正行為に対するサンクション（制裁）を確認し、次に不正行為を発見するための手段、発覚後の対応と進めていきたいと思います。

3 関連法令及び実務の動向

そもそも、中国にもこのような不正行為を取り締まる法令が存在します。具体的には、以下の法令になります。

・刑法
・反不正当競争法
・「商業贈賄行為を禁止することに関する暫定規定」（1996年11月15日施行）
・最高裁判所「商業賄賂事件に対する法律適用に関する意見」（司法解釈、2008年11月20日施行）
・その他の中央政府が制定した業界別の商業賄賂禁止に関する規定、通知

当然ながら罰則もあり、収賄側には実刑も規定されているなど厳格です。

刑事責任：贈賄側、仲介者、収賄側の三者に対して、懲役若しくは罰金、又は併科
行政責任：違法者に対して、違法所得を没収し、10万元以上300万元以下の罰金を科す。情状が深刻な場合、営業許可証を取り消す。

> 民事責任：違法者は商業賄賂で影響を受けた経営者に対し
> て、当該経営者の損失を賠償しなければならな
> い。情状が深刻な場合、損失を受けた経営者は
> その損失の1倍から5倍までの金額をもって違
> 法者に対して賠償を請求することができる。

　刑事・民事いずれのルートにおいても、不正を行った者に対し、その責任を追及する手段はあるということです。

4　日系企業としての対応

　ここからは、これら不正をいかにして察知し、発生を防ぐかについて説明していきます。

(1)　不正発覚のルート：内部通報制度

　不正発覚のルートとして、内部通報制度は一定の効果を発揮していると感じています。これには、通報・告発を厭わない中国の国民性[1]も関係しているかもしれません。ただし、内部通報制度をうまく機能させるには、いくつかノウハウがあります。

a　通報先

　内部通報の通報先窓口を、日本本社を含む内部に設定するか、それとも法律事務所やコンサルティング会社などの外部に設定するか、という問題です。通報者は当然、報復を恐れていますので、現地法人との距離があるほど、通報は活発になりま

す。

　可能であれば通報受付窓口は外部に設置していただくか、日本本社に設置していただくべきでしょう。また設置に当たっては、中国語での通報を受け付けるよう調整いただき、同時にそのことを、現地法人の従業員に広く告知してください。

　　b　匿名か顕名か

　通報に際し、通報者自らが氏名を明らかにする必要があるか、という問題です。一般的に、匿名にした方が通報数は増えますが、反面、「○○総経理は、アシスタントと不倫している」「私の評価が低いのは、納得できない」「○○は神だ」など、意味不明な通報が混ざるリスクがあります。また、仮に有益な通報があった場合でも、匿名の場合、通報者へコンタクトする手段がなく、追加調査に困難が生じます。

　これらは、一概にどちらがよいという問題ではなく、「とにかく情報を集めたい」のか、それとも「裏付けとなる証拠を集めたい」のかなど、目的に照らして組み合わせを調整いただければと思います。

⑵　現地での立ち入り調査

　現地への立ち入り調査も、有効です。具体的にはいくつかの手法がありますが、主に利用されるのは、以下のようなものです。

・従業員へのヒアリングの実施

　これは、現地で従業員（関係者）に対し、「不正について、耳にしたことはないか」といった内容を、広くヒアリングする

ものです。この際は、「何かある人は、申し出てください」と従業員の自主性に委ねるよりは、一律、全員へ、可能な限り一人ひとりにヒアリングを実施された方が効果的です。

　こうしたヒアリングは、弁護士など第三者が行う方が、従業員の本音を引き出せるようです。また、１回で終わるのではなく、何度か繰り返すことで、お互いに信頼感も生まれ、これまで話すことがなかった事項を、引き出すことができるようになります。このヒアリングと同時に、通報が顕名で行われている場合には、通報者にコンタクトを図り、情報を収集することも有効です。

　ヒアリングのほか、「発票（invoice）の確認」「発注書との照らし合わせ」「在庫の棚卸し」も、併せて実施していただくことがあります。ただし、これには財務担当者の協力が必要となりますが、社内不正には財務担当者が関与していることも少なからずあります。このため、実施の際は、「日本本社の指示による、定期監査」と説明し、真の目的をはぐらかすなどの工夫も必要となります。

　取引先に対しても、実施調査を行うことがあります。大口取引を行っているにもかかわらず、信用調査はもちろん、どこにあるどのような会社なのかも確認せず、「従業員が薦めてきたから」という理由だけで取引をしているケースは、少なくありません。これら会社について、改めて登記住所まで現地調査を行ったところ、ボロボロの廃屋や、マンションの１室に、ただ登記が置かれているだけであった、といったケースも多いのです。

　ここまで読まれて、「ウチの現地法人は、そんなバカな取引はしない」と思われる方もいらっしゃるでしょう。皆様、不正が発覚する前は、そうおっしゃっていました。ところが、蓋を開けてみれば、または現地法人管理者が知らないうちに、取引先が付け替えられているといったこともあります。今一度、取引先の選定、条件の確認、取引先の実体など、従業員任せになっているものがないか、ご確認いただければと思います。

⑶　取引先決定時の対応

　ここまで調査の手法、手段を紹介してきましたが、事前予防策に繋がる部分がありますので解説していきます。

a　相見積もりの徹底

　長期間、独占状態にある取引先については、不正が介在している可能性が否定できません。価格が適正かを確認すると同時に、独占的な取引を排除するためにも、定期的な相見積もりの取得は欠かせません。

　なお、実施の際は、相見積もりについて、「適切な規模の会社から得ているか」「条件は同一になっているか」などを、確認するようにしてください。よくあるのは、ここを担当者任せにしていたばかりに、業者と結託してより高額な見積書ばかりを偽造したり、過去の見積書を流用したりするケースです。こうなると、相見積もりそのものが機能しなくなります。制度は、作成しただけでは意味がありません。しっかりと運用することがカギとなるのです。

b　事前の調査

　新たに取引を開始する際、一定額以上での継続的な取引となる場合には、事前に取引先について調査されるべきでしょうか。登記情報だけでは発見できない事柄があるのは、先に調査実施方法の解説の際に述べたとおりです。大口の取引である場合には、可能な限り、会社の実体までリサーチされるべきでしょう。特に、従業員が強くプッシュしていた場合などは、要注意です。

c　ジョブローテーション

　購買担当における不正は、担当者の個人的なコネクションから発生します。このコネクションを断つためにも、定期的なローテーションは欠かせません。また、ジョブローテーションがあることで、現担当者に対する牽制にも繋がります。発注業務に携わる担当者全てにおいて、定期的なジョブローテーションを、検討いただきたいと思います。

d　購買規定の整備

　ここまで述べてきたような内容を含め、社内購買規定を整備していただき、これに沿って購買・発注業務を進めていただければと思います。購買規定には、購買価格に応じて承認手順、承認者を明確に規定し、これをもって不正が発生した場合の責任の所在を明確にし、もって従業員への牽制とするものです。

5　現地化に向けて

　2023年現在、中国にある日系現地法人では「人材の確保」が

大きな課題になってきています。特に、本社勤務の日本人の中には、海外駐在（特に中国での駐在）に及び腰な方も多いようで、現地法人の管理層を現地の従業員に切り替える、いわゆる「現地化」も急務になっているようです。

　現地化を語る際に、不正の問題は避けて通ることができません。もちろん、国籍や文化だけで、不正をする、しないが分かれるということではありません。前述したように、日本人駐在員による不正もないわけではありません。しかし、駐在員については本社からのコントロールが比較的及びやすく、また処罰という意味でも、日本本社を懲戒解雇となった場合、退職金を失う、日本での社会的地位を失うといったサンクションがある以上、現地で雇用する従業員よりは、コントロールが効くものと思われます。

　さて、この現地化の中でよく「待遇、処遇を欧米企業並みに」ということがいわれます。しかし、欧米系企業が中国での現地化に成功しているのは、従業員に高い報酬を払っているからでしょうか。もっといえば、高い報酬さえ提示すれば、優秀な社員が集まり、現地化を実現できるのでしょうか。ここに重大な観点が抜け落ちていると思っています。それは「処罰」「サンクション」です。

　日系企業は、不正を行った従業員に対しても、「合意による労働契約の解除」程度で済ませることが少なくありません。しかし、それでは対応は甘いといわざるを得ません。厳しい言い方をすれば、その程度の不利益で済むのは、不正で得られる利益の方が大きく、魅力的に見えるでしょう。その結果、「日系

企業はやりたい放題」「やった者勝ちどころか、やらないと損」と捉えられています。

　日系企業としては、不正に得た利益の賠償も含め、毅然とした対応が必要だと感じています。日系企業が甘く見られているところを改善しなければ、現地化したところで、食い物にされ利益を吸い取られるだけでしょう。現地化を検討するのであれば、報酬を欧米並みにする前に、「処罰」を欧米並みにすることを、ぜひ検討していただければと思います。

《注》
1　中国では、駐車違反、喫煙ルール違反などについて政府が報奨金を設定し密告を奨励しています。

第**6**章

知的財産

近年のインターネット技術の発達により、中国在住の消費者はECサイト等のプラットフォームを通じて商品を購入したり、動画サイトにアクセスしたりすることで、他のユーザーがアップロードした動画を視聴することができるようになりました。もちろん、これらの状況は日本も同じなのですが、中国の特徴としては、日本と比較してこれらの技術に連動して知的財産侵害行為が数多く行われている点にあります。

　例えば、中国では多くの消費者が、「陶宝」や「京東」といったECサイト（デジタルプラットフォーム）を通じて物品を購入しており、中国在住者にとっては送料が安く、すぐに商品が届く大変便利なサービスがあります。他方で、このようなECサイトが知的財産権侵害の温床であることが長年指摘されています。世界中の誰もが知っている著名なブランドのロゴの形を反転させたり、アルファベットの文字を１字だけ入れ替えたりするなどして、「他社の商標を侵害しているわけではない」とでもいわんばかりのマークを商品に貼り付けて堂々とECサイトで販売されているのが現状です。もちろんECサイト側は権利侵害のクレームがあれば出品の削除要請に対応してくれますが、同一人物がユーザー名を変更して商品を売ることはできますし、そもそも数が多過ぎて処理しきれていないようです。

　また、中国では日本のエンタメ、すなわちアニメ、漫画、ドラマや映画、MV等が大変人気なのですが、動画サイトについても、著作権者の許可なくこれらの動画がアップロードされているため、インターネットに繋がる環境さえあれば誰でも無料で閲覧することができてしまいます。

　そもそもインターネットは国境がないボーダーレスの世界なので、当然日本国内でも同様の権利侵害が発生しており、度々知的財産権侵害に関するニュースを目にします。しかし、中国在住者としての目線で比較しても、中国ユーザーによる権利侵害の程度は重く、またその範囲が広いと感じられる方が大半だと考えられます。

　以上が中国における最近の大まかなテクノロジーの発展と知的財産権に関する導入となります。本章では、まず中国の知的財産法制度を概観したうえで、近年の日系企業に関係して発生した商標に絡む紛争や、AIが作成した文章に著作権が発生するのかといった最新のテーマを含めた知的財産権に関する動向を紹介します。

1　知的財産に関する4つの基本法令

　中国の知的財産に関する法体系の発展は、改革開放政策の実施後（1980年代初頭）から21世紀初頭の短期間に目覚ましい進化を遂げたといわれています。具体的には、1982年に「商標法」、1984年には「専利法」（日本の「特許法」に相当します）、1990年には「著作権法」、そして1993年には「反不正当競争法」（日本の「不正競争防止法」に相当します）が制定・施行され（これら4つの法律を総称して以下「4法令」といいます）、これら4法令を中心に中国知的財産法制度の基礎が作られたといわれています。

　その後、改革開放政策が進み、1992年に中国が市場経済体制

を確立したことを踏まえて上記の各法が改正されています。更なる転換点として大事なのは、2001年の中国のWTO（世界貿易機関）加盟でしょう。中国のWTO加盟により、世界経済に大きなインパクトを与え、知的財産保護制度の整備が更に強化されました。これにより、４法令は現在に至るまで複数回の改正が行われています。

2　特許分野（技術輸出入契約に対する規制緩和）

　2002年１月、中国のWTO加盟に併せて「技術輸出入管理条例」が施行されました。同条例は、ライセンサーが負うべき責任の内容を強行法規的に定めており、技術輸出入に関する契約（例えば、技術ライセンス契約、技術援助契約、技術譲渡契約等）に適用されます。本条例施行当時の第一の特徴は、同条例の責任を契約によって自由に免責することができない点にありました（同条例改正前第24条第３項）。契約自由の原則が強行法規によって修正されていたため、仮に技術に関連して第三者の権利が侵害される事態が発生したときは、技術供与者（ライセンサー側）が責任を負うことになっていました。これはライセンサー側にとっては責任回避ができないので悩ましい事態でした。しかし、2019年、同条例の改正により、同条項は削除され、当事者が契約で責任の所在を自由に規定することが可能となりました。これにより、ライセンサー側は契約で責任回避・軽減を図ることができるようになりました。
　また、第二の特徴として挙げられるのは、技術改良の成果は

改良側に帰属することになっていた部分です（同条例改正前第27条）。同規定に従うと、例えば技術供与を受けた中国側が、当該技術を改良さえしてしまえば、その技術が中国側に帰属することになります。そのため、同条はライセンサー側にとっては技術提供を委縮させる原因や技術提供後の紛争の火種となっていました。しかし、同規定についても条例改正で削除され、当事者が自由に改良後の帰属先を定めることができるようになりました。

上記に記載した同条例の改正部分はいずれもライセンサー側にとっては有利な法改正です。特許ライセンスにかかるビジネスが促進されるというインパクトをもたらしたと評価してもよいでしょう。現在及び今後の展望として、日本企業がライセンサーとして中国企業に対して技術ライセンスを行う際の法的環境は徐々に整備されているといえます。

3 商標法分野の動向

(1) 近年の特徴

前述のとおり、日本と比較して模倣品等が多く販売されている中国においては、ビジネスの顔となる「商標」を保護する商標法が重要な法律であることは明らかです。そもそも2000年代に入ってから中国の商標出願・登録数は現在に至るまで世界一をキープしています。特に2010年代後半からの急激な申請・登録件数の増加により、他国の追随を許さず、中国は商標大国と

しての地位を築き上げたといえるでしょう[1]。現時点で公表されている最新データ（2022年度）の全国申請件数は約730万件で、そのうち約600万件が商標登録されています[2]。日本の申請・登録件数と比較すると、中国の申請件数は約40倍、登録件数は約35倍となります[3]。この数字からも明らかなように中国国内における商標分野の関心は極めて高いといえます。もちろん商標は商品や役務の「顔」である以上、ビジネスの数だけ存在するはずなので、日本よりも圧倒的に人口が多く、商業機会が多い中国がトップに立つのは当然のことです。加えて、中国では登録商標の売買すらも１つのビジネスとして成立しています[4]。日本では商標売買のプラットフォームが一般的ではないことから考えると、それだけ商標に関心を持つ国民が多いということが分かります。だからこそ、中国ではいまだに商標の先取り合戦が行われています。この流れは2000年代から既に始まっていたといわれています。そして、実際にこれまで多くの日本企業も中国進出に併せて、商標に関わる紛争に巻き込まれてきました。以下では簡単に関連する前提知識をお伝えしたうえで、過去に発生した紛争をいくつか簡単にご紹介します。

⑵　前提知識

　中国商標法では日本と同じように、先願主義を採用しており、原則、先に商標登録をした者が商標権者として保護されることになっています。逆にいえば、先に第三者に商標登録されてしまうと後から自分の商標だと主張しても、それをひっくり返すのに時間・お金もかかることになるのです。

　また、中国では、日本を含む多くの国と同じくニース協定の国際分類を採用しているため、商標を使用する対象である商品と役務（サービス）は全45分類に区分されています。登録はこの分類ごとに行う必要があるため、どの分類に登録する・されているのか、という要素も権利保護の観点から大切でしょう。

　更に、登録された商標については、「中国商標網」のウェブサイトで公開されているので、これを使用して誰でも商標検索を行うことができます[5]。自己が商標登録する際に類似商標がないかどうかも確認することができます。

(3)　日本企業が巻き込まれた商標に関する紛争

a　双葉社事件

　1996年1月、広州誠益眼鏡有限公司（以下「誠益社」といいます）が「クレヨンしんちゃん」の中国語表記「蠟筆小新」とそのキャラクター図形に関する商標を第9類、第28類等のアパレルなどを指定商品として商標登録を行いました（その後、当該商標は別の中国企業に譲渡されています）。しかし、登録当時、日本で「クレヨンしんちゃん」の権利者であった双葉社はこれらの商標の出願登録の状況を把握していませんでした。2004年になって初めて、双葉社が上海でキャラクターグッズの販売をしようとしていた矢先にこれらの冒認登録を発見したのです。2005年1月に双葉社はこれらの冒認登録に対して商標評審委員会に先使用権の侵害（当時の商標法第31条[6]）を理由に商標の無効申立てを行いました。

　同委員会による当初の判断では、「申立ての時期が商標登録

後5年間の除斥期間を超えている」ことを理由に申立てが却下されました。しかし、双葉社が改めて当時の商標法第41条[7]に基づいて無効申立てを行ったところ、誠益社による冒認登録が主たる理由とされ、当該商標が無効となりました。

b 無印良品事件

株式会社良品計画（以下「良品計画社」といいます）は、中国では1998年から広東省で工場を開設し、「無印良品」の商標を使用したタオル、布団などの寝具を加工生産してきました。そして、1999年に、良品計画社は関連商品の分類（第16類、第20類等）で商標出願・登録をしていたのですが、第24類では登録がされていませんでした。

一方、海南省にある海南南華実業貿易有限公司（以下「海南南華社」といいます）は2000年に第24類の寝具（シーツやまくらカバー）の商品について「無印良品」の商標出願・登録を行いました（その後、当該商標は別の中国会社に譲渡されています）。

良品計画社は中国市場に進出し、「無印良品」が既に第三者によって登録されていることを知り、無効審判の申立て等をしましたが、無効認容されなかったので行政訴訟を提起しました。ところが、最高人民法院は、2000年4月以前の時点で、中国大陸内の第24類の分野において、「無印良品」ブランドが一定の認知を獲得していなかったこと等を理由に、良品計画社の主張を認めませんでした[8]。良品計画社は敗訴してしまったのです。

そのため、第24類に該当する商品については、良品計画社は自己で商標登録済みの「MUJI」を使用して販売せざるを得な

い状況となっています。

c　今治タオル事件

　2017年2月、上海市の夕爾実業有限公司は「今治」の商標出願し（第24類のタオル、ケット類）、当該出願が2018年2月に公告されました。これに対し、今治市と今治タオル工業組合は国家知的財産権局に対して異議申立てを行いました。同年11月19日、知的財産権局は、「「今治」は日本のタオルで既に一定の知名度があり、夕爾実業有限公司の商標は容易に関連公衆に商品の出所を誤認させる」ことを理由に、出願却下の裁定を下しました。もっとも、「今治」の商標出願・登録に関しては、現在に至るまで類似の紛争が繰り返し発生しています。

d　まとめ

　上記のケース以外にも日系企業や関連組合は、中国企業による冒認出願を監視して繰り返し異議申立てや無効請求等を行い争ってきました。もちろん要件立証のハードル等もあり請求が認められず、権利が奪われてしまうことも散見されます。とはいえ、商標法の最新（2019年）の法改正により、使用を目的としない悪意ある商標出願が拒絶される旨が明文化され（中国商標法第4条第1項）、権利侵害に対する罰則（同法第63条）も強化されました。そのため、政府側としても悪意による冒認出願については徹底的に取り締まるという姿勢を見せ始めています。その裏返しなのか、ここ数年は特に商標出願をしても、類似商標の存在等を理由に出願が却下されることが実務上増えているようです。ここは経営判断の領域になってしまうのですが、もし自社製品・サービスを中国でビジネス展開する予定が

あるのであれば、先願主義に基づいてなるべく早く権利を取得
（登録）しておくことが非常に重要であるといえます。

4 著作権法分野の動向

⑴ 日本のエンタメの活躍

　日本のエンタメ業界は、日本国内だけでなく、世界の中でも
人気を博しており、中国も日本のエンタメ業界の影響を大きく
受けています。実際に、多くの日本の漫画・アニメキャラク
ターは今でも多数の中国人に愛されています。これらの領域だ
けでなく、ゲーム業界も同じ傾向にあります。特に2010年初頭
からスマートフォンが普及したことにより、日本のゲーム会社
もモバイルゲームの領域に力を入れ始め、世界市場に進出をし
てきました。以前から日本で配信済みのゲームを中国の出版・
運営会社を経由して輸出することは度々行われてきました。他
方で、2010年代後半から、中国の大手ゲーム会社が日本の著作
権者側（典型例としては、日本の有名な漫画・アニメキャラクター
に関係する使用権）から許諾を受けて、中国で中国人向けにゲー
ムを新規開発・運営するケースが増加していきました（いわゆ
る「ライセンスアウト」）。

　しかし、中国でゲーム配信をするためには、当局（国家新聞
出版署）による許認可（版号）を取得する必要があります。
2018年以降政策転換によるゲーム審査機構の改革に伴い、かつ
て年間１万件程度認められていたものが、直近ではこれに関す

る許認可は毎月100件程度しか認められなくなりました[9]。中国では、特に未成年のオンラインゲームのプレイ時間が増え過ぎたためこれが社会問題となり、ゲームのプレイ時間に制限が設けられるようにもなったため[10]、これに連動してゲームの新規作品にも規制が加えられたと考えられます。

このような許認可の政策転換や新たな規制を踏まえ、中国のゲーム会社はむしろ他国への市場進出に興味を示しており、逆方向（対日本）のライセンスインも増えているように思われます。日本企業としては、中国で人気のスマホゲームを積極的に輸入し、あるいは許可を得たうえで開発・運営をしていく（更に開発したゲームに有名キャラクターとコラボさせることで相乗効果を狙う）方策でのビジネスも積極的に行っていく必要があるでしょう。

以上はゲーム業界の一例にすぎないのですが、やはり地理的な近さや文化の近似性を踏まえると、日本と中国のエンタメ業界は切っても切り離すことができない関係といえます。ゲームに限らず、アニメや漫画などのエンタメ領域にはいずれも著作権の問題が関わってきます。そのため、海外進出に際して契約等でどのように自身の知的財産を保護するのかを慎重に検討することは非常に大事になります。

⑵　AIが作成した文章、記事は著作権法で保護されるのか

2023年は、ChatGPTの台頭により、世間からますますAI領域が注目を浴びるようになりました。AIの技術を駆使すれば人間の何倍ものスピードで成果物を作成してくれます。しかし、

この作成された成果物について、権利をどのように帰属させるのかが日本、中国ともに話題になっているところです。実は中国では既に下級審レベルではありますが、AIが作成した成果物に関して「著作物」として保護を与えるのかという点について判断が示された裁判例が2つ登場しました。以下では事案と併せて紹介させていただきます。

a　裁判例1：北京菲林律師事務所（原告）VS北京百度網訊科技有限公司（被告）[11]

原告は、「映画娯楽業界司法ビックデータ分析報告──映画・北京編」[12]（以下「本件レポート」といいます）を2018年9月9日に初めてWeChatの一般アカウントで公表しました。

本件レポートは図形と文字を含み、その内容は、北京市内の映画産業事件に関する事件数の推移、裁判例数、事件の種類・特徴等を紹介しているものです。

原告の本件レポートが公表されたその翌日に、被告が本件レポートの署名・引用部分を削除し、その内容を自身のプラットフォームで公開しました。原告は、著作権の人格権等が侵害されたことを理由に裁判所に訴訟提起をしました。

原告は、「本件レポートには①図形作品と②文字作品が含まれることを前提に、著作権者はいずれの作品も原告であるため、本件レポートは原告の著作物である」と主張しました。これに対し、被告は、「本件レポートは、法律統計データを分析するプログラムで作成された報告であり、データは原告が調査、収集して得たものではない、また、図表はプログラムが自動的に作成したものであるから、本件レポートは原告自身の知

的労働の成果といえず、著作権の保護範囲に属さない」と主張しました。

　裁判所は、原告の主張に基づいて①図形作品と②文字作品に分けて個別に判断をしました。まず、①に関しては、「本件レポート中の図形は元になるデータの違いにより発生するもので、ソフトウェアがデータに基づいて自動的に作成するものであるから図形作品の独創性要件を満たさない、そのため著作権法の保護に値しない」旨が判示されました。また、②に関しては、「著作物は自然人によって完成させられたものである必要がある。分析レポートの製作過程において関与したソフトウェアの開発者と使用者は、これらの者の思想や感情を独自に表現したものではないので、いずれも分析レポートの著者とはいえない。また分析レポートのうち、ソフトウェアが作成した文章は自然人が作成したわけではないので「著作物」とはいえない」と判示しました。

　b　裁判例2：深圳市腾讯计算机系统有限公司（原告）VS上海盈讯科技有限公司（被告）[13]

　原告は、関連会社である腾讯（テンセント）科技（北京）有限公司が開発した「Dreamwriter」と呼ばれるデータとアルゴリズムに基づくライティング支援ソフトウェア（以下「本件ソフト」といいます）の著作権の使用許諾を受けていました。2018年8月20日、原告は本件ソフトを利用して経済に関するニュースを収集し、経済指標に関する経済レポート（以下「本件レポート」といいます）を生成した後、テンセント証券のウェブページ上に掲載しました。本件レポートは、本件ソフトに

よって自動的に書かれたものであり、内容は株式市場の財務概要を含み、人民元の対米ドル中値などの情報も記載されていました。原告は、本件レポート掲載日に被告が無断で本件レポートを被告ウェブサイトで掲載していることを知り、著作権法及び反不正当競争法に基づき侵害行為の停止、損害賠償請求等を行いました。

　原告は、裁判上において、「①本件レポートは、本件ソフトを利用して作成されたものだが、その運営は原告が組織する編集チーム（記事テンプレのバージョンアップや情報収集等）、製品チーム（製品ソリューションの改善）、技術開発チーム（システム開発、メンテナンス）によって行われていること、また、②本件レポートは、本件ソフトのデータ収集・解析、文案作成、内容検証（校正）、配信という過程を経て作成・配信に至るものだが、この過程において、データの入力や記事テンプレの選択、校正アルゴリズムモデルの学習などは、原告の創作チームの人員の関与によって行われていること」を主張しました。

　裁判所は裁判例１と同様の規範を立てたうえで、本件レポートに独創性が認められるのかという点について、「原告の創作チームが本件ソフトを用いて作成したものであるから一定の独創性を有する」と示し、そのうえで「原告創作チームが行ったデータ入力、トリガー条件の設定、テンプレートやスタイルの選択などは、当該記事の具体的な表現に直結する知的活動に属するものである。生成過程から見て、本件ソフトが本件レポートを自動生成した２分間の時間だけを考えれば、確かに人間の関与はなく、コンピュータ・ソフトウェアが既定のルール、ア

ルゴリズム、テンプレートを実行しただけの結果であるが、本件ソフトの自動操作は無意識に行われたものではなく、その自動操作は原告の選択を体現したものといえる」と述べたうえで、本件レポートは著作物として保護されるとの結論を下しました。

c 裁判例1と2の分析

以上のように、裁判例1はAIが作成した記事について「著作物」に該当しないと判断し、他方で裁判例2は「著作物」に該当すると判断したものです。この判断の分かれ目は、AIが作成した文章の作成過程において人的関与がどれほど大きかったのかという点にあると考えられます。

裁判例1については、人間が関与した範囲は限定的（単に人が「可視化」機能を使ってキーワードを入れて、後はプログラムが自動的に図形等を作成させる）であるため、AIが作成した記事は「著作物」ではないという結論に繋がり、裁判例2については、裁判例1と同じ規範で判断をしているものの、原告の創作チームにおける人的関与を捉えて（プログラムを稼働させるための3つのチームを作り、AIを十分に機能させるための周辺の整備を十分に行っているためAIを稼働させるための人的関与が大きい）、AIはあくまでも道具でしかなく、原告の「著作物」であると判断したようです。上記の2つのケースはいずれも下級審案例であり、まだ最高人民法院の判断が出されていません。もっとも、両ケースを比較するに、今後、AI創作物の著作物該当性を判断するに当たって、「人的関与の程度」（日本の実務では「創作的寄与」と表現されることがあります[14]）が1つの大きな考慮要素

になると思われます。

5　反不正当競争法（不正競争防止法）

　最後に、反不正当競争法について説明し、本章を締めくくり
たいと思います。前述のとおり、中国の反不正当競争法は1993
年に公布され、2017年、2019年と二度改正され、現在は三度目
の改正に向けてパブリックコメントが出されている状況です。
同パブリックコメントの内容を見ると、ネットワーク、IT関連
技術の進展に伴う新たな不正競争行為の規制を強化することを
目的とする規定が目立ちます。
　反不正当競争法は、①商業混同行為、②商業賄賂、③虚偽宣
伝、④営業秘密の侵害、⑤不正な景品付販売、⑥競争相手の商
業信用棄損、⑦ネットワーク上の不正競争行為の不正競争行為
を列挙しています（同法第6条～第12条）。上記のうち、知的財
産の本章と特に関連性が強い部分は商標に関連する①の商業混
同行為でしょう。
　①の他人の「一定の影響力のある」商品の名称等と同一また
は類似した標識、企業名称・氏名、ドメイン名、ウェブサイト
名等を無断で使用する行為は同法で規制され、行為の差止や罰
金等の対象となります（同法第18条）。この「一定の影響力のあ
る」という要件は、商標法第32条の「他人が先に使用している
一定の影響力のある商標を不正な手段で登録してはならない」
と同一の文言が使用されており、未登録商標に対して保護を与
える趣旨の条項だといわれています。そのため、実務上では、

第三者に自己の未登録商標が奪われてしまった場合、第三者登録取消しや無効宣告の申立てと同時に、反不正当競争法に基づいて侵害行為（商品販売や広告宣伝）の差止等を求めることも多いようです。

　そもそも、反不正当競争法は、前章までの特許法、商標法等のいわゆる「権利法」とは異なり、公正競争の奨励と促進、経営者と消費者の合法権益保護を目的とする「行為法」であるため、異なる角度からの救済措置が用意されています。そのため、例えば、商標法上妥当な救済措置が用意されていない、あるいは要件を満たさないと考えた場合でも、反不正当競争法に基づいて他の手段を検討すれば、意外と他の方法が見つかったりすることも多いので、知的財産に関する紛争を扱う際に、反不正当競争法の知識も頭の片隅に置いておくのがよいと思います。

《注》
1　World Intellectual Property Organization（WIPO）ウェブサイト「World Intellectual Property Indicators 2022」、https://www.wipo.int/edocs/pubdocs/en/wipo-pub-941-2022-en-world-intellectual-property-indicators-2022.pdf、（最終閲覧日：2023年7月19日）
2　国家知識産権局商標局中国商標網ウェブサイト「2022年四季度各省、自治区、直轄市商標注冊申請量、注冊量統計表」、https://sbj.cnipa.gov.cn/sbj/sbsj/202301/W020230119542417412238.pdf（最終閲覧日：2023年7月19日）
3　特許庁ウェブサイト「特許行政年次報告書2022年版」、https://www.jpo.go.jp/resources/report/nenji/2022/index.html（最終閲覧

日：2023年 7 月19日）。なお、日本の最新の申請・登録件数統計は2022年版が最新となるため、これらの件数をベースに中国と比較しています。

4　例えば、商標売買のプラットフォームの「知客」が挙げられます。知客ウェブサイト、https://www.zhiketm.com/（最終閲覧日：2023年 7 月19日）

5　国家知識産権局商標局中国商標網ウェブサイト、https://sbj.cnipa.gov.cn/（最終閲覧日：2023年 7 月19日）

6　旧中国商標法（2001年改正）第31条　商標登録の出願は、他の者の先の権利を害してはならず、他の者の既に使用している一定の影響力のある商標を不正な手段で先に登録することもしてはならない。

7　旧中国商標法（2001年改正）第41条第 2 項　登録された商標が第13条、第15条、第16条、第31条の規定に違反しているときは、当該商標の登録日から 5 年以内に、他の商標所有者又は関係当事者は、商標評審委員会にその登録商標を取り消す裁定を請求することができる。悪意による著名商標の登録の場合、その真の所有者に対しては 5 年間の制限はない。（以下省略）

8　最高人民法院2012年 6 月29日（（2012）行提字第 2 号）

9　日本貿易振興機構（ジェトロ）ウェブサイト、「ゲーム市場は拡大も、配信許認可に留意（中国・上海発）」、https://www.jetro.go.jp/biz/trendreports/2023/43868c6dbf359b61.html（最終閲覧日：2023年 7 月19日）

10　国家新聞出版署关于进一步严格管理切实防止未成年人沉迷网络游戏的通知　国新出发〔2021〕14号（「未成年者のオンラインゲーム依存を防止するための管理強化に関する通知」）

11　北京互联网法院（2018）京0491民初239号

12　猫眼ウェブサイト、「菲林/影视娱乐行业司法大数据分析报告―电影卷・北京篇」、https://piaofang.maoyan.com/feed/news/32769（最終閲覧日：2023年 7 月19日）

13　広東省深圳市南山区人民法院（2019）粤0305民初14010号

14　エンターテインメント・ロイヤーズ・ネットワーク編『エン

ターテインメント法務Q&A〔第 2 版〕—権利・契約・トラブル
対応・関係法律・海外取引—』101頁（民事法研究会、2019年）

第 **7** 章

紛争解決

1 　裁　　判

(1)　中国における裁判の実情

　かつて中国には全国統一の司法試験が存在しませんでした。当時は、地域の名士が指定を受けて、裁判官を務めていました。しかし、2002年に司法試験制度が開始され、現在は専門の知識を有する職業裁判官、弁護士が増え、守秘義務や倫理、モラル面も向上しています。とはいえ、日本の感覚からすれば、違和感を持つシーンも少なくありません。中国の裁判所では、手続の進行や判決に関して裁判官が広範な裁量を有しています。弁護士と裁判官の距離も近く、裁判官が直接メッセンジャーアプリなどを通じて、弁護士と連絡を取り合うことも、珍しくありません。

　このような背景もあり、中国における裁判官の贈収賄リスクは比較的低いといわれる一方で、裁判官と弁護士の個人的な距離が近いことから、「コネ」が生きる場面は少なくないといわれています。コネというのは、例えば「先輩・後輩」「同郷」などです。具体的には、同郷の人間が、または先輩が下級審で起案した判決文を、上級審を担当する裁判官が書き換えることを差し控える、といった忖度も働くことがあるようです。地方ほど、この傾向が見られることには、留意していただければと思います。

⑵　全体の傾向

　中国での訴訟については、「外資に不利」といわれることがあります。私の経験からいえば、残念ながらその傾向はあるといわざるを得ません。なぜ、そのような傾向が生まれるのでしょうか。

　背景には、仲裁委員、裁判官とも、揉め事に巻き込まれたくないという「事なかれ主義」があるように思います。例えば、地元企業と日系企業との間で、契約にまつわる紛争が発生し、訴訟提起されたとします。仮に裁判官が日系企業有利の判決をした場合、その裁判官のもとには地元の有力者、政府関係者など様々な人間がクレームに訪れます。裁判官も人間です。そこまでのリスクを犯して、外資企業有利の判断を下したくはないのだと思います。

　そうした背景から、仲裁・訴訟の場では、「中国寄り」の判断を下すため、まるでアラ探しのようなことをしてくる仲裁委員、裁判官に出くわすこともあります。

　日系企業としては、このような背景を理解したうえで、「付け入る隙を与えない」ように準備する必要があると思います。

⑶　司法の判断で多用される「理論」

　中国の仲裁・訴訟では「比例原則」という概念がよく持ち出されます。簡単に説明すると、「犯した罪と、受ける不利益の均衡がとれていなければならない」というものです。

　具体的には、例えば労務紛争であれば、就業規則違反が軽微

であるにもかかわらず、解雇などの重い処分を行った場合、比例原則違反として、処分そのものが違法と判断されます。

さて、読者の中には「それって、基準なのか」と疑問に思われる方もいらっしゃると思います。ご指摘はもっともで、一見もっともらしいこの「比例原則」は、基準としては大変曖昧です。何をもって「均衡がとれている」のかは裁判官の胸先三寸であり、裁判官が「均衡がとれていない」と言えば、それまでなのです。そして、裁判官としてこれほど便利な原則はないというのも事実です。

日系企業としては、このような状況を理解したうえで、裁判官による「比例原則」の濫用傾向を理解し、これに対抗できるだけの理論と証拠を準備して、仲裁・訴訟に臨むことが求められます。例えば、就業規則違反であれば、「何回も違反行為があった」「会社は従業員に、態度を改めるための機会を与えた」といった具合に、裁判官や労働仲裁委員が「反論の余地がないくらい」に準備をしておかなければ、外資現地法人を支持する判断は得られないと考えてもよいでしょう。

⑷ 裁判における証拠

紛争解決に関して、最近の動向として押さえていただきたいのが、「電子的な記録」の証拠としての用い方です。中国でも、業務上でのやり取りには電子メールが用いられます。また、それ以上にWeChat（微信）などのメッセンジャーアプリも業務で多用されます。では、これら電子メール、メッセンジャーアプリ上のやり取りを証拠に用いるためには、どうすればよいの

でしょうか。日本の実務と照らし合わせながら、確認していきます。

日本では、電子メールやメッセンジャーアプリ上のやり取りであっても、証拠として提出すること自体に制約はありません。一般的には、そのような画面をプリントアウトしたものが証拠として提出されます。一方の当事者が電子メール等を証拠として提出した場合に、その真実性を疑う具体的な根拠がなければ、相手方が特にやり取りの真実性を争わず、裁判官もそのようなやり取りがあったことを前提に事実認定を行うことも多くあります。

これに対し中国では、裁判官の目の前で、実際の端末（パソコン、スマートフォン）を操作して、当該メッセージを再現する必要があります。日本のように、画面をプリントアウトしたものを提示するだけでは、改ざんの可能性が否定できないとして、証拠としての信用力が劣るとされています。

実際に、スマートフォンを機種変更していたため、過去のやり取りが残っていない（遡れない）といったケースも想定されます。機種変更の際、これまでの履歴を全て移行させる機能がありますので、これを活用していただくことをオススメしたいと思います。

(5) 録音・録画データ

次に、音声データを証拠に用いる場合は、どうでしょうか。日本では、音声データを証拠として用いることは原則として認められます。録音された会話の性質、内容、録音の方法、証拠

価値等を総合的に考慮して、例外的に信義則上、証拠として用いることが禁じられることがありますが、あくまで例外的な場合です。特に、会話の一方当事者が録音をしたような場合では、相手に通知していない秘密録音であっても、証拠として認められる可能性が高くなります。

同様に中国でも、従業員個人のプライバシーに関わるものでない限り、同意は不要とされています。そのため、従業員と社内の会議室で話し合いを行う場面などにおいても、従業員に事前に告知する必要もなければ、同意を得る必要もありません。このようにして収集された録音・録画データも、証拠として用いることが可能です。このため、証拠収集のためにも、法的に重要な場面では録音・録画は積極的に行っていただきたいと思います。

なお、個人のプライバシーが、どこまでを指すのかは、曖昧です。個人のプライバシーに関わるものと認定された場合、証拠として用いることができなくなるのですが、その認定においては裁判官の裁量が広いと考えられています。

2　商事仲裁

(1)　仲裁の概要

a　仲裁とは

仲裁とは、当事者の合意に基づいて、第三者（仲裁人）の判断に従い紛争を解決する紛争解決手続です。仲裁の最も基本的

な特徴は

①　当事者の合意を根拠に実施される手続であること

②　仲裁人の判断には拘束力があること

の2点です。

　すなわち、①当事者が「この紛争は仲裁手続で解決する」と合意をしなければ、仲裁手続は行われません。紛争が生じてから、当事者間で「この紛争は裁判ではなく仲裁で解決しよう」と合意して仲裁合意を成立させることも考えられますが、仲裁が行われる典型的なシナリオは、当初締結した契約に仲裁条項が定められており、その仲裁条項を用いて、紛争が生じた後で一方の当事者が仲裁を申し立てるというものです。一般的に、有効な仲裁合意があれば、当事者が仲裁合意の対象である紛争について裁判での解決を申し立てることはできなくなります。

　また、②仲裁人の判断は、裁判所と同様に当事者を法的に拘束します。この点、調停人が話し合いを仲介し、合意による解決を目指す（逆にいうと、当事者が合意しなければ調停が成立しない）調停手続とは根本的に異なります。

b　仲裁と訴訟の比較

仲裁と訴訟の主な違いを確認します。

①　強制執行の可能性

　A国で判決が下されたとしても、必ず当該判決をB国で強制執行できるとは限りません。例えば日本では、民事訴訟法第118条にて、①法令または条約により外国裁判所の裁判権が認められること、②敗訴の被告が訴訟の開始に必要な呼出し若しくは命令の送達（公示送達その他これに類する送達を除く）を受

けたことまたはこれを受けなかったが応訴したこと、③判決の内容及び訴訟手続が日本における公の秩序または善良の風俗に反しないこと、④相互の保証があることという4つの要件が全て満たされた場合のみ、外国裁判所の確定判決が日本においても効力を有するとされています。このように、ある国の判決が別の国で強制執行できるかは、当該国のルール次第です。

一方仲裁に関しては、世界の多くの国が外国仲裁判断の承認・執行に関するニューヨーク条約（Convention on the Recognition and Enforcement of Foreign Arbitral Awards. 以下単に「ニューヨーク条約」といいます）の締約国となっています。ニューヨーク条約の締約国は、条約が定める例外的な場合を除き、他の締約国で出された仲裁判断の承認及び執行を拒否できません。そのため、現在の国際ビジネスにおいては、相手国で強制執行可能な判断を得るための手段として仲裁が広く用いられています。

② 手続ルールや使用言語の選択

裁判では、手続上のルールや審理で使用される言語はその国の訴訟法によって定められていますが、仲裁では、仲裁手続で用いられるルールや言語を当事者が合意で定めることができます。

③ 判断者の選択

裁判を担当する裁判官を当事者が選べないのに対し、仲裁であれば当事者が仲裁人を選択することができます。

④ 非 公 開

公開が原則の裁判と異なり、仲裁は原則として非公開となっ

ています。

⑤ 外国当事者への送達

裁判では、訴状等の裁判文書を外国に所在する当事者に送達するためには、裁判所所在地国と相手方所在地国両国の政府機関を経由した手続が必要となり、相当な期間が必要となります。一方仲裁では、民間事業者による国際配達サービスを用いて、迅速かつ柔軟に送達を実施できます。

⑥ 上訴の有無

裁判では、一般的に、最初の手続で下された判決に不服があるときに上級裁判所への上訴が可能ですが、仲裁では、例外的な場面を除き、1度の仲裁手続で下された仲裁判断が最終のものになります。ただし、上訴手続は、上訴を通じて裁判システム全体における判断の統一性を図り、下級裁判所の誤りを上級裁判所が正す可能性を設けるという趣旨があるため、仲裁に上訴制度がないことが、一概に仲裁が裁判よりも優れている点だとはいえません。

⑦ 迅速性や費用

仲裁のメリットとして、裁判よりも迅速に判断が出されるとか、裁判よりも費用を抑えることができるという説明がされることがあります。しかし、仲裁であっても複雑な案件であれば長期化することがある一方、裁判の原則的な審理期間を定めて、審理の短期化を図っている国もあるため、仲裁の方が一概に迅速だとはいえません。また、国家機関である裁判所が手続を行い、裁判所に納める費用がゼロまたは比較的低額な傾向にある裁判（裁判官も公務員なので、裁判官の給与は国家から支払

われます）と異なり、仲裁では、仲裁手続の費用や仲裁人の報酬を当事者が負担しなければならないため、仲裁の方がより高い費用負担が想定されることがしばしばあります。なお、判決で勝訴当事者の弁護士費用を敗訴当事者が負担するかどうかはそれぞれの国の法律及び裁判実務次第ですが、仲裁では、勝利した当事者の弁護士費用の全部または一定部分の支払いを敗北した当事者に命じることが少なくありません。

(2) 中国ビジネスと仲裁

上記(1)で述べた仲裁の一般的な性質や訴訟との違いを前提に、中国ビジネスにおける仲裁の特徴、留意点や実務上の傾向について解説します。

a 強制執行との関係

日本と中国との間では、一般的には、判決を相互に承認する関係は存在しないと考えられています。そのため、双方の国で強制執行ができるような判断を得るためには、紛争解決手段として仲裁を選ぶ必要があります。日本と中国はいずれもニューヨーク条約の締約国であるため、日本・中国のいずれか、またはシンガポールのような別のニューヨーク条約締約国で出された仲裁判断であれば、原則としていずれの国においても強制執行が可能です。

b 保全手続との関係

紛争解決手段を仲裁としつつ、中国で保全手続を実施する可能性がある場合には、中国の特殊事情に注意が必要です。中国では、民事訴訟法第101条が仲裁手続開始前の保全手続につい

て、民事訴訟法第272条、仲裁法第28条、人民法院による財産保全案件の取扱いの若干問題に関する規定第3条が仲裁手続進行中の保全手続について定めています。これらのいずれについても、保全手続の前提となる「仲裁」は中国国内の仲裁機関による仲裁であり、日本や第三国・地域の仲裁機関による仲裁が合意されている場合には、中国で保全手続を実施することができないと考えられています。ただし、香港の仲裁機関による仲裁の場合には、「大陸と香港特別行政区の裁判所における仲裁手続の暫定措置の相互協力に関する取り決め」及び「大陸と香港特別行政区における仲裁判断の相互執行に関する追加手配」によって、中国における保全手続が可能となっています。

c 国内仲裁機関の信用性

中国の代表的な仲裁機関は中国国際経済貿易仲裁委員会（CIETAC）ですが、CIETACは、登録されている仲裁人の質、仲裁機関としての質いずれにおいても一定の評価を得ています。

d 仲裁合意における留意点

中国の仲裁法第16条は「仲裁申立ての意思表示」「仲裁に付する事項」「選定する仲裁委員会」を仲裁合意の要素として定め、仲裁機関が仲裁合意の中で明記されることを要求しています。実際に、中国の最高人民法院が、仲裁機関について明記されていない仲裁条項の効力を否定した例もあります[1]。

他方、世界の仲裁機関が紹介するモデル仲裁条項の記載例の中には、適用される仲裁規則は記載しているものの、条項の中で仲裁機関名を明記していないものもあります。実際の契約書

ドラフティングで仲裁条項を設ける場合には、予定している仲裁機関が公表しているモデル仲裁条項をベースにしてアレンジを加えることがしばしばありますが、仲裁機関名が明記されていないモデル仲裁条項を使って、中国法に基づくと無効と評価されるリスクのある仲裁条項を作ってしまわないよう、注意が必要です。

　例として、日本の代表的な仲裁機関である一般社団法人日本商事仲裁協会が公表している一般的なモデル仲裁条項では、適用される仲裁規則だけが記載され、仲裁を一般社団法人日本商事仲裁協会に付託するという旨は記載されていません[2]が、同協会は、そのウェブサイトで別途、中国での仲裁判断の執行を念頭に置いた仲裁機関を明記して、中国の仲裁法の条件を満たしている仲裁条項の例も紹介しています[3]。

e　中国現地法人と仲裁

　中国法人同士の契約でも、紛争解決手段として裁判ではなく仲裁を定めることは可能です。ただし、選択する仲裁機関は中国国内の仲裁機関とする必要があります。ここでいう中国法人には外資企業も含まれるため、日本企業の100％子会社であっても、中国で設立した法人であれば、この規制の対象となります。

　このように選択できる仲裁機関に制約があるものの、これまで述べたとおり、CIETACは一定の信用性があること、他方中国の裁判手続（特に大都市以外）に対する不安が今もなお存在することからすれば、裁判を避けるために中国国内での仲裁で合意するという選択肢は十分あり得るものと思われます。

3 まとめ

よく日系企業の駐在員の皆様からは、「本社から、仲裁や訴訟に発展することだけは避けるように厳命されている」「何とか、仲裁・訴訟だけは回避してほしい」というご要望が寄せられます。当然私どもも可能な限り、これを回避するよう努めます。しかし、実際には、相手方のあることですので、完全に回避することは難しいといわざるを得ません。仲裁・訴訟の回避を優先すれば、どうしても対応は甘くなり、相手方として付け入る余地が生まれます。

私どもは、「仲裁・訴訟は過程であり、結果ではない」ということを認識し、マインドを変えていただくべきだと思っております。これをなくして、現地法人の厳格かつ適切な管理・運営は不可能です。コンプライアンスの観点からいっても、仲裁や訴訟を提起されたからといって、イコール法令違反があったということではありません。もちろん、仲裁訴訟に勝てるための理論武装、証拠の準備などは必要です。しかし、仲裁・訴訟を過度に恐れるべきではないと考えます。

お人好しから、性善説から脱却しなければ、生き馬の目を抜く中国ビジネスで成果を出すことなどできないと思います。

《注》
1　安田健一「中国商事紛争の解決の理論と実務⑿　最高人民法院が仲裁条項の準拠法は当該仲裁条項が含まれる契約全体の準拠法

と必ずしも一致しない旨の見解を示した事例」JCAジャーナル第68巻第2号22頁以下（2021）参照

2　一般社団法人日本商事仲裁協会ウェブサイト「仲裁条項の書き方」、https://www.jcaa.or.jp/arbitration/clause.html（最終閲覧日：2023年7月18日）

3　一般社団法人日本商事仲裁協会ウェブサイト「中国での仲裁判断の執行を念頭に置いた仲裁条項」、https://www.jcaa.or.jp/common/pdf/arbitration/clause_07.pdf（最終閲覧日：2023年7月18日）

第 8 章

事業再編

時差１時間という地理的メリット、安価な人件費、14億の人口を抱える巨大な市場、漢字という共通の文化など、多くの日本企業にとって、中国は魅力的な土地でありました。しかし、米中対立をはじめとする国際情勢の変化により、急成長を続けていた中国市場にも陰りが見え始めています。そこに、３年にわたる新型コロナウイルスによる経済活動の制限と、折からの労働力コストの上昇もあり、日本企業としても、中国ビジネスについて見直しを迫られているところも少なくありません。

　さて、2020年１月１日の「外商投資法」の施行により、外商投資企業の事業再編に関する手続には変化が生じています。そこで、本章では、日系企業が中国ビジネスを見直す場合によく用いられる手法とその手続を改めて確認していきたいと思います。また、日系企業の多くでは、事業再編の足がかりとして、まず人員整理を行うケースも多いため、人員整理についても、ここで解説しておきたいと思います。

1　人員削減

　中国での人員削減は、経済性リストラと呼ばれ、労働契約法にも規定が置かれています。

労働契約法

第41条

　次の各号に掲げる理由のいずれかに該当し、20名以上の人員削減、または20名未満であっても企業の総従業員数の

10％以上を占める人員削減を行わなければならない場合、使用者は、30日前までに労働組合または全従業員に対し状況を説明し、労働組合または従業員の意見を聴取した後、人員削減計画を労働行政部門に届出、人員を削減することができる。

(1) 企業破産法の規定に従い、更生を行う場合

(2) 生産経営に重大な困難が生じた場合

(3) 企業の生産の転換、重大な技術革新または経営方式の調整により、労働契約の変更後もなお、人員削減の必要がある場合

(4) その他、労働契約締結時に拠り所とした、客観的経済状況に重大な変化が生じたため、労働契約の履行が不能になった場合

(以下、略)

　一見、要件を満たせば経済性リストラが実施可能なように見えますが、実際は、決して使いやすい規定にはなっていません。

・生産経営に重大な困難が生じた場合

　この要件は、企業の財務経営状況が悪化し、倒産の瀬戸際に達した場合を指しますが、地方ごとにより細かい条件が設定されています。北京市では、「3年連続赤字、かつ赤字が毎年増加し、債務超過の状態にあり、80％の従業員が就労を停止して待機状態となり、連続6カ月にわたって最低生活基準を満たす生活費を支払うことができない場合[1]」といった具合に、細か

133

く厳しい要件が設定されています。

・その他、労働契約締結時に依拠した客観的経済状況に、重大
な変化が生じたため、労働契約の履行が不可能となった場合

この要件は、社会情勢の変化、法律の変更などにより業界自
体ビジネスとして成り立たなくなった状況を指すとされていま
す。いずれにせよ、難しい要件であることは間違いありませ
ん。また、そもそもの問題として、地方政府としても地域の安
定を優先し、大規模な人員整理は避けたいとの思いから、労働
行政部門が届出を受け付けないといったケースや、労働行政部
門から、従業員と協議のうえでのリストラを実施するよう指導
されるケースも少なくありません。

このような状況のため、日系現地法人としては「希望退職を
募る」という、ある意味で穏当な手段で、リストラを実施する
ことが多くなります。希望退職を募るとは、労働契約の期間中
にある従業員に対し、期間満了前（終身雇用に移行している従業
員の場合には、定年退職前）に、一定の経済的メリットを提示
し、双方協議のうえ、労働契約を合意により解除するものです。

さて、この経済的メリットとは、法定経済補償金を計算する
場合の「勤続年数×月平均賃金」を参考に、ここに一定のイン
センティブを乗せることになります。このインセンティブ部分
は、＋１ヶ月〜３ヶ月の賃金相当分上乗せを選択されるケース
が多くなっていますが、会社の財務状況、社員構成、対象者の
人数なども踏まえ、会社側で独自に決定することになります。

希望退職は、あくまで従業員の自由な意思に基づく合意によ
り行われるものですので、穏当な手段であります。労務紛争に

発展する可能性もほとんどないことから、日系企業現地法人と
しても採用しやすい手段でしょう。しかし実際に効果があるか
といわれれば、「思ったような効果が得られないケースも少な
くない」のが正直なところです。結局は能力のある方、若い方
など「次の選択肢」がある人材ほど退職に応じる反面、会社側
として去ってほしいと考えている「コストパフォーマンスのよ
くない方」「賃金の高い方」の多くが、労働契約を盾に、会社
に居座る傾向があるためです。

　その結果、組織の質はかえって低下し、その後の事業継続も
うまくいかず、遠くない未来に、現地法人の解散清算を含む、
根本的な再編に発展することも少なくありません。会社側とし
ては、今とるべきアクションが「人員削減」なのか「中国ビジ
ネスからの撤退」なのか、将来の展望も含め、勇気を持って判
断すべきといえるでしょう。

2　中国における事業再編の概要

　次に、中国での事業再編について見ていきましょう。事業再
編の手段については、その目的に照らし、概ね以下のようにま
とめることができます。

事業再編の目的	主な事業再編の手法								
	持分譲渡	合併分割	会社移転	解散清算	M&A	資産譲渡	増資	減資	部門統合
事業の拡大		●			●		●		

事業の縮小	●	●		●		●		●	●
事業の統合、経営の効率化	●	●		●	●		●		●
人件費等コストの削減			●						●
財務状況の改善						●	●		
市場・顧客・サプライチェーンへのアプローチ		●	●						
本社の資金不足の解消	●			●				●	
撤退・閉鎖	●			●		●		●	

　事業再編と一言でいっても、ビジネス拡大の目的で行うものもあれば、ビジネスの縮小、撤退のために行われるものも含まれます。いずれを選択するかは、基本的には企業自身の目的や戦略によります。

　近年では、中国国内に点在する各拠点を、有限公司から分公司に置き換える動きも出てきています。この背景には、従来[2]、分公司の営業範囲は本公司（有限公司）の営業範囲を超えることができないとされていたものが、「中華人民共和国市場主体登録管理条例実施細則」（2022年3月1日公布、同日施行）により、分公司独自に設定することが可能になったことがあります。これにより、間接部門を本公司に集約し、組織をスリム化することが可能となっています。

3　事業縮小または撤退

　中国ビジネスの展望が開けないとの判断に至った場合には、いよいよ中国から撤退を検討すべきこととなります。以下で

は、日系企業現地法人において選択されることが多い撤退戦術
を紹介していきたいと思います。

(1) 持分譲渡

まずは、持分譲渡から説明していきましょう。持分譲渡を端
的に説明すると、投資元の企業または個人が、その出資持分
（株式）を、別の企業や個人に譲渡する、ということです。

2020年1月1日に施行された「外商投資法」により、「中外
合弁経営企業法」「外資企業法」「中外合作経営企業法」（いわ
ゆる「旧外資三法」）が撤廃されたことは、第1章で前述したと
おりです。持分譲渡との関係でいえば、旧外資三法下では、外
商投資企業の持分譲渡には事前に商務部門の審査が必要とされ
ていましたが、外商投資法及び関連法令の施行により、外商投
資ネガティブリストに該当するか否かを問わず、原則として持
分譲渡に対する事前審査は不要となりました。単に、株主変更
登記時に、企業登記システムを通じて報告をすればよいという
ことであり、合弁会社における持分譲渡のハードルは下がった
といえるでしょう。

具体的に、外商投資企業が持分譲渡を行う場合、概ね以下の
手順で進めることとなります。

NO.	手続の概要	手続の担当者・ 管理部門	所要期間
①	基本合意書（MOU）と 秘密保持契約書の締結	持分譲渡の当事者	協議次第
②	法務・財務等のデュー・	委託された外部専門家	15日～

	デリジェンスの実施		３ヶ月
③	持分譲渡契約についての交渉、締結	持分譲渡の当事者	協議次第
④	出資者の変更登記手続と変更届け	市場監督管理部門（市場監督管理部門が変更登記を実行した後、関連情報が自動的に商務部門まで転送）	３営業日〜10営業日
⑤	持分譲渡に関する所得税の納付（現地法人が源泉徴収）	税務管理部門	15日〜１ヶ月
⑥	現地法人による外貨登記の変更手続	銀行	３営業日〜10営業日
⑦	持分譲渡代金の海外への送金	銀行	１営業日〜３営業日
⑧	その他、各関係政府部門での登記変更手続	税務、外貨、税関などの管理部門	約１ヶ月

⑵ デュー・デリジェンス

　持分譲渡に当たっては、事前にデュー・デリジェンスが行われることが一般的です。この際に、現地法人の過去も含めて、徹底的に調査されることとなります。私どもの経験からいえば、日系企業といっても、過去においては「中国だから、このくらいでよいだろう」という感覚で、環境対策などで不適切な処理をされているケースも見られました。

　持分譲渡をご検討の際は、必要に応じて事前に「セルフ・デュー・デリジェンス」を実施していただくなどし、現地法人の状況と価値を、正確に把握するのがよいと思います。

(3) 合弁パートナーが持分譲渡に同意しない場合の対応

　合弁企業特有の問題として、持分を合弁パートナー以外の第三者に譲渡することについて、合弁パートナーからの同意を得られず、デッドロック状態に陥るといったことが挙げられます。この際の打開策については、外商投資法の施行前後で異なりますので、以下でまとめておきたいと思います。

比較項目	持分譲渡に関する規定	
	外商投資法の施行前	外商投資法の施行後[3]
他の合弁当事者の同条件での優先買取権	あり	あり
他の合弁当事者の同意の要否及び同意しない場合の取扱い	➢他の合弁当事者の同意を得なければならない。 ➢上記規則に違反した場合、その譲渡は無効である。	➢書面によりその他の株主の同意を求める必要があり、その他の株主の過半数の同意を得なければならない。 ➢その他の株主が書面通知の受領日から満30日が経過しても回答しない場合は、譲渡に同意したものとみなす。 ➢その他の株主の半数以上が同意しない場合、同意しなかった株主がかかる持分を買い取らなければならない。
合弁相手が同意しない	➢他の合弁当事者が同意しない場合、デッド	➢他の合弁当事者が同意しない場合、上記規定に基

	ロック状態に陥る。	づき、仲裁や訴訟を提起
ときの対応策	➤合弁パートナーに対して、持分譲渡の理由や利益、条件などについて説明し、合意形成を模索する。	し、強制的に譲渡を実行させることができる。
	➤合意に至らない場合、仲裁や訴訟といった法的手段を通じ、会社の強制解散なども検討することになる。	

　以上のとおり外商投資法の施行により、デッドロック回避の手段が手当されたことは、歓迎すべき変化といえるでしょう。

4　操業停止・休業

　いきなりのリストラや事業再編の前に、一旦操業停止・休業を検討されるケースもあるでしょう。中国でも、原則として企業はその経営状況などに基づき、自主的に操業停止や休業を決定する権限があるとされています。もっとも、以下のような届出が必要とされています[4]。

(1)　操業停止・休業に関わる行政手続

　2022年3月1日より施行された「中国市場主体登記管理条例」において、休業届出制度が規定されました。これにより、一定の原因から経営に困難が生じた組織は、一定期間、自主的に休業することが認められました。休業届出の手続や休業期

間、経営再開条件等については、「中国市場主体登記管理条例実施細則」や一部地方法令において具体的な規定がなされており、その概要は以下のとおりとなります。

休業に関する事項	関連規定の概要
届出を実施するタイミング	休業実施前
休業できる最大の回数	制限なし
休業の最長期間	累計3年以内
経営再開とみなされる事由	(ｱ) 自主的に経営活動の再開を決定した場合 (ｲ) 実際に経営活動を行った場合 (ｳ) 休業期間が累計で3年間を経過した場合 (ｴ) 届出された休業期間が満了した場合 ※上記(ｱ)、(ｲ)の場合は、30日以内に企業信用情報開示システムにて企業の「休業」状態を終了させる必要がある。

　なお、製造企業の場合、操業停止・再開期間中に不測の事故が発生するリスクをあらかじめコントロールしておく必要があります。この観点から、地方政府により、操業停止または再開を行う際には、事前に操業停止・再開に関する計画や安全管理措置などについて安全管理部門まで届出を行うことが義務付けられています。また、製造企業の業種や取扱い製品、その危険性等に基づいて、安全届出の手続や操業再開の条件などについては、特別な規定が設けられている場合もあります。具体的な手続は、企業所在地の地方法令や主管安全管理部門に確認いただければと思います。

従業員の自宅待機の留意点

　企業が操業停止・休業を行う場合、従業員を自宅待機させることとなります。この場合についても、労働管理部門の承認や届出といった手続は、特に規定されていません。ただし実務上では、以下の点にご留意いただく必要があります。

　a　従業員への事前説明

　従業員を自宅待機させることは、労働契約法に定められた「従業員の利益に関わる重大事項」に該当することになります。このため、従業員大会または全従業員に企業の経営状況や操業停止の理由などを説明し、従業員側の意見を聴取のうえ、議論を経たうえで、操業停止・休業の計画や期間中の待遇などを説明する必要があります。

　b　自宅待機期間中の給与の支給

　自宅待機期間中、従業員に支払うべき給与については、以下のとおり基準が定められています。

自宅待機期間	支払うべき給与の基準
一給与支払い期間内（例えば、月給制の場合は30日である）	労働契約に約定した通常の賃金
一給与支払い期間を超過した期間	・仕事を手配した場合：労使双方が新たに約定する基準で支給（現地の最低賃金を下回ってはならない） ・仕事を手配していない場合：一般的に、地方政府が定めた基準を下回らない基本生活費（例：北京市の場合は最低賃金水準の７割となる）を支

	給し、社会保険も納め続ける必要が ある

c 労働契約管理の重要性

自宅待機の期間が長期に及ぶ場合、従業員のうち、期限の定めのある労働契約を締結している者については、順次その期限を迎えることになるでしょう。この際、その労働契約を更新するか否かは、企業の操業再開スケジュールと、従業員のパフォーマンス、経済情勢などを考慮のうえ決定していく必要があります。労働契約の期間満了時は、労働契約を合法的に終了させるチャンスでもありますので、有効に活用いただきたいと思います。

5 解散・清算・撤退

(1) 解散・清算の手続の全体の流れ

上記1(1)で触れましたように、2020年1月1日施行の外商投資法により、「旧外資三法」は廃止され、外商投資企業の解散清算については、主に「会社法」及びその関連規定に基づき手続を行うことになっています。これにより、外商投資ネガティブリストに該当する企業や、法律上、事前審査認可が必要とされている業種の企業については、解散について関連主管部門の事前審査認可を受ける必要があるものの、これに該当しない多くのケースでは、解散・清算について原則として事前の審査認可は不要となります。

中国において、事前の審査などを必要としない現地法人の場合、外商投資企業の解散・清算を行う場合、概ね以下の手順に従って進めることとなります。

NO.	手続の概要	手続の担当者・管理部門	タイミング
①	解散・清算に関する決議	株主会・董事会（日本でいう取締役会に類似）	——
②	清算委員会の設立	清算委員会は以下の者で構成される。 ➤有限会社の場合：株主 ➤株式会社の場合：董事または株主会により確定された者	上記①から15日以内
③	イ）清算委員会構成員及び責任者の名簿を会社登記機関に届出 ロ）債権者への通知 ハ）新聞での公告	清算委員会	左記のイ）とロ）は上記②から10日以内。ハ）は②から60日以内
④	債権の届出	債権者	上記③のロ）から30日以内、またはハ）から45日以内
⑤	✓財産の整理・処分 ✓清算案の策定 ✓最高権力機関による清算案への承認	清算委員会、会社最高権力機関	——
⑥	✓債務への弁済（完済できない場合、破産清算になる可	清算委員会	——

	能性がある） ✓ 残余財産の分配		
⑦	✓ 清算報告書の作成 ✓ 最高権力機関による清算報告書への確認	清算委員会、会社最高権力機関	——
⑧	✓ 工商登記の抹消、各登記書の抹消 ✓ 新聞での会社終了の公告	会社登記機関等	上記⑦から30日以内

⑵ 解散・清算と持分譲渡との比較

　実務においては、日系現地法人の事業再編においては、ここまで解説してきました「持分譲渡」と「解散清算」がよく利用されています。以下に、それぞれのメリット及びデメリットをまとめさせていただきました。メリット・デメリットを比較衡量のうえ、具体的な状況や目的に沿って、選択いただければと思います。

	持分譲渡	解散清算
メリット	✓ 迅速な撤退：変更登記手続は短期間で完成できるため、譲渡先との条件の交渉がうまく進められれば、迅速に撤退することができる。 ✓ 資産価値の最大化：適切な持分譲渡先が存在すれば、資産価値が向上する可能性もある。	✓ 自ら決定のうえ実施可能：持分譲渡のように、譲渡先により左右されることはなく、自らの判断で決定のうえ進めることが可能。 ✓ 債務整理可能：解散清算によって会社の債務を整理し、債権者との交渉や債務の処理を通じて、債

145

		✓取引先や従業員との契約関係の処理がシンプル：会社が存続するため、取引先や従業員との契約関係を継続させることができる。	務の支払いを適切に行うことができる。 ✓責任の終了：解散清算により、会社が終了し、法的な責任や義務から解放されることができる。
デメリット		✓譲渡先の存在が大前提：<u>適切な譲渡先が存在しなければ、他の撤退手段を検討するほかない。</u> ✓譲渡条件の交渉が長期化するリスク：契約条件の交渉から合意に至るまでに時間と労力がかかるケースがある。 ✓譲渡先の違約リスク：譲渡契約締結されたとしても、譲渡先が諸事情により契約を履行しないリスクがある。 ✓従業員から抵抗される可能性：譲渡先に対する不信により、従業員から持分譲渡前に過去の勤続年数に対する経済補償金の先払いを求め、それに応じない場合は持分譲渡前に買手より行われるデュー・デリジェンスへの抵抗やストライキが起こる可能性がある。 ✓責任の継続：譲渡後は譲渡先が会社の経営と責任を引き継ぐものの、一般的には、譲渡契約の表明	✓手続と時間の負担：清算委員会の設立や債権者への通知、資産の処理などに、コスト、時間、労力を要する。 ✓資産価値の低下：解散清算では、資産について売却や処分により現金化することが求められるが、足もとを見られ、時間も限られている中、市場価値より安価での売却を強いられる可能性がある。 ✓従業員との労働関係の処理が必要：円満に労働契約を終了させるため、法定経済補償金に加え、一定額の上乗せが必要となるケースがほとんどである。

	保証条項に基づき、一定の期間内に賠償責任を負う可能性がある。	

6 倒　産

　中国における倒産についても、解説しておきたいと思います。残念ながら、倒産法制は十分に機能しているとはいえません。法制度としては存在しているのですが、旧法が中国国有企業のみを対象としていた影響から、そもそも民営企業への適用には慎重な態度をとっています。まして、外資企業による倒産の申立てについては、ほとんど裁判所からの認可が得られないのが実情です。裁判官としては、現地法人に資金がないといっても、本社（海外）にはまだ資金があるはずだと考えているようです。

　また、仮に裁判所が申請を受理した場合でも、手続完了まで早くても１年以上かかるなど、長期化をある程度覚悟する必要があります。このような背景から、多くの日系企業では破産ではなく清算を選択されることが一般的となっています。

7　税務登記の抹消等

　現地法人を解散・清算される場合、税務登記の抹消も必要となります。実際には、有限公司で起用しておられる会計事務所の指導のもと、税務局まで申請を行うこととなりますが、この

抹消の完了まで6ヶ月〜1年程度の時間を要します。この税務登記の抹消申請に当たっては、有限公司について「債務がない」状態とすることが必要になります。

この点、従業員との労働契約も給与支払いという点で債務の一種になりますので、税務登記の抹消申請に当たっては、必ず従業員との労働契約を解除・終了させておく必要があります[5]。では、労働契約解除がうまくいかず、従業員から労働仲裁を申し立てられた場合はどうなるでしょうか。この場合、当該仲裁が終了するまで労働契約は有効であり、債務が残った状態となることから、税務登記の抹消申請を行うことはできず、解散清算手続は停滞することになります。労働仲裁の判断に不満があり、訴訟に発展した場合も同様です。労働仲裁から訴訟まで発展した場合、訴訟の終了まで6ヶ月〜1年以上の時間を要します。中国は二審制であることから、上訴をした場合、更に時間を要します。

税務登記の抹消が完了していなければ、営業許可証の抹消も申請することはできません。この結果、現地法人に残った資金を日本に送金することもできません。この可能性を考慮のうえ、従業員への経済補償を含む、労働契約の解除に向けたプランを念入りに検討していただきたいと思います。

なお、有限公司の下に分公司が存在している場合、まず分公司を閉鎖・抹消させてからでなければ、有限公司の解散・清算を行うことはできません。このため、分公司がある場合にはトータルで数年がかりの撤退プロジェクトになります。

このほか、進出時に地方政府から「土地代金の優遇」「税の

優遇」などを受けていた場合には、解散清算に先立って、地方政府と交渉する必要が生じます。交渉の難度は、個々のケースごとに、いかなる条件で優遇を受けていたか次第となりましょう。事前に綿密なプランニングが必要と思われます。

8 解散・清算には資金が必要

「撤退に資金を費やしたくない」というのが経営者の本音だとは思いますが、現実には現地法人の解散清算を含む事業の再編には、一定の資金が必要となります。具体的には、従業員への経済補償金、敷地や工場の原状回復、法律事務所や会計事務所といった外部専門家への報酬などが必要になります。

また、解散清算は、現地法人における過去の負の遺産が表面化するタイミングでもあります。現地法人管理者が把握していなかった過去の残業代の未払い、社会保険料の未納（本書第1章参照）、労災・職業病、環境問題、税金の未納（申告漏れ）などの処理にも、多額の資金が必要となります。特に経営期間の長い現地法人ほど、過去における違法行為が存在している可能性は高くなりますので、注意が必要です。

これら問題の処理にどのくらいの資金が必要かという点に関心があるかと思いますが、企業の規模によっても異なります。少ない場合でも数千万円、従業員数が多く、多額の経済補償金の支払いなどが必要となる場合には、数億円以上の資金が必要となります。これら資金が現地法人にない場合、本社から新たな資金注入や、本社を含む親子ローンといった資金繰りの検討

も必要となります。いずれにせよ、事業再編については、現地の資金が完全に枯渇する前に判断することが、必要になると考えられます。

9 ま と め

　人員削減から事業再編、特に現地法人の解散・清算を中心に、説明してきました。昨今は政治情勢、経済情勢の先行きが不透明であるため、いずれの日系企業も対中ビジネスについては少なからず再編を検討されていることと思います。

　ここまで解説してきましたように、いずれのケースにおいても一定の資金が必要となります。また、場当たり的な対応では、状況を悪化させるだけで問題の解決に繋がらないことも起こり得ます。各地域、拠点ごとではなく、日本も含めたトータルのビジネスプランを再確認のうえ、検討していただくべき問題であると思います。

《注》
1　北京市企業経済的人員削減規定第3条第2号
2　旧企業経営範囲登録管理規定（2016年改正前）第12条「独立して民事責任を負うことができない分公司は、その経営範囲について、属する有限公司の経営範囲を超えてはならない。ただし、法律、行政法規または国務院が別途規定することを決定した場合を除く」
3　外商投資法の施行後5年間、すなわち2024年12月31日までは、従来の企業組織形態や機関を維持することができます。
4　地方法令によって、労働管理部門への報告が必要とされる場合

もあります。例えば、蘇州市の「蘇州市使用者労働雇用重大事項
報告制度」によれば、企業が操業停止する場合、速やかに主管労
働管理部門に書面報告を提出しなければならないと規定されてい
ます。そのため、実務上、会社所在地の地方法令及びその運用状
況について事前に確認する必要がある点に留意する必要がありま
す。

5　残務については外部業者に委託するか、従業員との労働契約を
解除したのち、改めて請負契約を締結し、委託することになりま
す。

■ 著者略歴 ■

王　宣麟（おう　せんりん）

堂島法律事務所　弁護士（日本）

2017年弁護士登録。日本生まれの華人3世。クロスボーダーを含めたM&A取引等の会社法務と訴訟（主に債権回収）を主な取扱い分野とする。中国人民大学法学院（LL.M. 修士）での留学及び中国現地法律事務所での研修経験があるため中国法実務にも精通しており、中国各都市の専門家とも幅広い人脈を構築している。日本語・中国語はネイティヴレベルであるため、日系・中国系企業問わず対応可能。講演・執筆等多数。

郭　望（かく　のぞむ）

RIDRA LAWFIRM　中国弁護士

日本大手法律事務所（東京）で、中国法弁護士として10年以上勤務。その経験を生かし、現在は上海を拠点に、クライアントのニーズに沿った、効果的かつ実践的なリーガルサービスを提供。M&A、企業労務管理、コンプライアンス、独占禁止・不正競争、データ・個人情報保護など幅広い業務に対応できる豊富な経験を有する。

松本　秀敏（まつもと　ひでとし）

RIDRA LAWFIRM　コンサルタント

日系企業の対中国ビジネスコンサルティング業務に長年従事。日系企業の中国進出、展開から撤退まで、一貫して対応が可能。また、不正防止のための制度設計などで、豊富な経験を有する。中国ビジネスセミナー、中国における安全対策セミナーなどの講師として登壇多数。北京大学EMBA修了。

■ 編著者略歴 ■

章　啓龍（しょう　けいりゅう）

RIDRA LAWFIRM　中国弁護士

日系金融機関勤務を通じて身に付けたビジネス感覚、中国弁護士・中国税理士という資格に裏打ちされた豊富な知識を用い、実務に即した実効性あるスキームをワンストップで提供。セミナーへの登壇、寄稿、執筆など多数。中国公認日本語通訳・翻訳の資格も有し、ネイティヴレベルの日本語対応が可能。

安田　健一（やすだ　けんいち）

堂島法律事務所　弁護士（日本・米国ニューヨーク州）

2010年弁護士登録。博士（法学）。英国仲裁人協会会員（MCIArb）。法務省法務総合研究所アジア・太平洋会社法実務（ジョイント・ベンチャー契約）研究会委員。中国をはじめとする国際ビジネス法務全般を取り扱うほか、外資系企業グループの日本法人を多数クライアントとしている。著作・講演多数。

KINZAIバリュー叢書 L

アップデート中国法務

2024年4月3日　第1刷発行

編著者　章　　　　啓　　龍

　　　　安　田　健　一

発行者　加　藤　一　浩

〒160-8519　東京都新宿区南元町19

発　行　所　一般社団法人 金融財政事情研究会

編 集 部　TEL 03(3355)1721　FAX 03(3355)3763

販売受付　TEL 03(3358)2891　FAX 03(3358)0037

URL https://www.kinzai.jp/

DTP・校正：株式会社友人社／印刷：三松堂株式会社

ISBN978-4-322-14424-6

創刊の辞

　2011年3月、「KINZAIバリュー叢書」は創刊された。ワンテーマ・ワンブックスにこだわり、実務書より読みやすいが新書ほど軽くないをコンセプトに、現代をわかりやすく切り取り、かゆいところに手が届く、丁度いい「知識サイズ」に仕立てた。

　ニュース解説に留まらず物事を「深掘り」した結果、バリュー叢書は好評を博し、間もなく第一作の「矜持あるひとびと」から数えて刊行100冊を迎える。読者諸氏のご愛顧の賜物である。

　バリュー叢書に通底する理念は不易流行である。「金融」「経営」などのあらゆるジャンルに果敢に挑戦しながら、「不易」―変わらないもの―と「流行」―変わるもの―とをバランスよく世に問うことである。本叢書シリーズは決して色褪せない。それはすなわち、斯界の第一線実務家や研究者が現代を切り取り、コンパクトにまとめ、時代時代の先進的なテーマを鮮やかに一冊に落とし込んでいるからだ。次代に語り継ぐべき大切な「教養」や「斬新な視点」、「魅力溢れる人間力」が手本なき未来をさまようビジネスパーソンの羅針盤になっているものと確信している。

　2022年12月、新たに「Legal」を加え、12年振りに「バリュー叢書L」を創刊する。不易流行は変わらずに、いま気になることがすぐにわかる内容となっている。第一線実務家や研究者はもとより、立案担当者や制度設計に携わったプロ達も執筆陣に迎えている。

　新シリーズもまた、混迷の時代、先が見通せないと悩みながら「いま」を生き抜くビジネスパーソンの羅針盤であり続けたい。

加藤　一浩